Brot backen –

hat Tradition. Es erinnert an romantische Backhäuschen, hölzerne Backtröge und kräftiges Teigkneten. Heute geht alles viel leichter als damals, aber geblieben ist der herrliche Duft nach frisch gebackenem Brot. Und das Beste ist: Heute gibt es viel mehr Rezepte für immer wieder neue Brotvarianten. Machen Sie also selbstgebackenes Brot zu Ihrer privaten kulinarischen Spezialität.

Die Farbfotos gestalteten Odette Teubner und Dorothee Gödert.

INHALT

Brot backen

Das geht tatsächlich viel leichter als viele Leute denken. Und auch den Arbeitsaufwand können Sie relativ gering halten. Verwenden Sie einfach ein Handrührgerät oder eine Küchenmaschine zum Teigkneten. Hefe- und Sauerteigbrote brauchen lediglich Zeit für die Teigruhe und zum Gehen, Zeit, während der Sie etwas anderes machen können. Die ersten zwei Teigruhezeiten dürfen sogar problemlos überschritten werden. Sie können also inzwischen etwas anderes tun. Nur die letzte Teigruhezeit, das Aufgehen des fertig geformten Gebäcks, sollten Sie kontrollieren.

Backformen

Grundsätzlich brauchen Sie zum Brotbacken nichts Neues zu kaufen. Normale Kuchenbleche und Kastenformen genügen. Brot liebt alles, was Hitze gut aufnimmt, also Schwarzblech oder schwere Metallformen. Wenn Sie noch keine Kuchenformen haben, kaufen Sie zum Brotbacken am besten gleich Kastenformen aus Schwarzblech. Es gibt auch spezielle Brotformen. Diese sind lediglich größer und breiter. Das ist für das Selberbacken nicht unbedingt ein Vorteil, weil Hefebrote ohne jeden Zusatz leicht krümeln. Eine kleinere Form beschert Ihnen mehr Kruste und eine stabilere Krume (das weiche Brotinnere). Spezielle Brotbackformen, ob aus Metall oder Keramik, verwenden Sie am besten nur für Sauerteigbrote, die lange und bei niedriger Temperatur gebacken werden. Die Anschaffung einer Königskuchenform aus feuerfestem Glas lohnt sich dann, wenn Sie gerne öfter Toastbrot backen möchten.

Backofen

Jeder normale Haushaltsbackofen mit Ober- und Unterhitze ist geeignet. Helle Brote lieben hohe Temperaturen, dunkle Brote niedrigere. Wenige – wie zum Beispiel Toastbrot – ziehen die Umluftthitze vor, gelingen

Zum Backen von Brot können Sie spezielle Brotbackformen oder aber auch normale Kuchenbackformen verwenden.

aber auch bei Ober- und Unterhitze. Bei solchen Rezepten ist die Temperatur für Umlufthitze in Klammern angegeben. Mikrowellen sind zum Brotbacken völlig ungeeignet.

Backtemperatur – Backzeit

Moderne Backöfen erreichen in 10–15 Minuten die eingestellte Temperatur. Deshalb können Sie sich umweltbewußt die Vorheizzeit sparen, zumal in den Rezepten dieses Buches bereits 10–15 Minuten Vorheizzeit in der angegebenen Backzeit enthalten sind.
Die meisten Brote gelingen am besten bei Ober- und Unterhitze. Deshalb brauchen Sie also nicht unbedingt einen Backofen mit Umluft zu haben. Nur bei wenigen Broten, wie zum Beispiel Knäckebrot, ist die Umluft besser. Deshalb habe ich nur bei diesen Rezepten spezielle Angaben für Umluft gemacht.

Dampf

In vielen Brotrezepten ist der gute Rat zu lesen, eine Schale mit heißem Wasser auf den Boden des Backofens zu stellen. Ich empfehle Ihnen dagegen, vor allem für Hefebrote, die Seitenwände und den Boden oder die Türinnenseite des kalten Backofens kurz anzufeuchten, bevor Sie die Temperatur einstellen und das ungebackene Brot einschieben. Wasserdampf wird nämlich schon sofort, sobald der Backofen heiß ist, gebraucht. Er »reißt« das Hefegebäck in die Höhe, gibt ihm eine schöne Form und eine lockere Krume. In der zweiten Hälfte der Backzeit braucht das Brot dann trockene Hitze.
Beachten Sie beim Benutzen Ihres Backofens die Sicherheitsvorschriften des Herstellers. Das Wasser für den Dampf dürfen Sie nur in den ausgeschalteten Ofen geben.

Fehler beim Brotbacken

Die häufigsten Fehler beim Selbstbacken sind:

1. Zu fester, also zu trockener Teig. Das Brot bekommt dann eine sehr helle harte Kruste. Es schmeckt nur am Backtag. Achten Sie also darauf, daß Teig und Teigoberfläche feucht genug sind, damit die Kruste dunkel und knusprig wird.

2. Das Brot reißt an den Seiten ringsherum unschön auf. In diesem Fall war der Teig vor dem Einschieben in den Backofen noch nicht genug aufgegangen. Deshalb sollten Sie wirklich so lange abwarten, bis das Teigvolumen um ein Drittel größer geworden ist.

3. Das Brot bleibt »sitzen«, das heißt, es hat eine schmierige Krume, wenn das passiert, dann war der Teig zu feucht, oder die Teiggärung war nach jeder Teigruhe nicht deutlich sichtbar. Nehmen Sie etwas weniger Flüssigkeit oder verlängern Sie (zum Beispiel bei zu alter Hefe) die Teigruhezeiten. Das heißt, Sie sollten immer erst dann weiterkneten oder -backen, wenn sich das Teigvolumen deutlich sichtbar vergrößert hat.

4. Der Teig geht nicht auf. Dann waren vielleicht die Zutaten zu kalt. Stellen Sie das Mehl vor der Verwendung einige Stunden in die warme Küche.

Flüssigkeit

Die klassische Flüssigkeit zum Brotbacken ist Wasser. Milch, Buttermilch und Joghurt bringen Spezialeffekte. Magerquark eignet sich für manche Brotteige vorzüglich. Hervorragend geeignet ist Molke. Für alle Teige, die Roggen enthalten, können Sie Molke statt Wasser verwenden.

Flüssigkeitsmenge

Sie richtet sich nach dem Wasser-, Eiweiß- und Kleieanteil des Getreides, und das alles kann je nach Anbaugebiet oder Anbaujahr schwanken. Die meisten Brotteige dürfen relativ feucht sein, sogar so feucht, daß Sie keine Freude daran hätten, sie mit den Händen zu kneten und besser die Küchenmaschine zu Hilfe nehmen.

Hefe

Frische Hefe finden Sie in Würfeln zu 42 g im Kühlregal des Lebensmittelladens. Sie sollten sie dann zu Hause auch im Kühlschrank aufbewahren. Frische Hefe ist preiswerter als Trocken-

Die wichtigsten Mehle auf einen Blick: 1. Weizenmehl Type 405, 2. Weizenvollkornmehl, 3. Sojamehl, 4. dunkles Weizenmehl Type 1050, 5. helles Weizenmehl mit Weizenkeimen, 6. Doppelgriffiges Mehl, 7. Roggenvollkornmehl

hefe. Allerdings ist diese länger haltbar und daher für spontanes Brotbacken eher zur Hand, wenn Sie einen kleinen Vorrat davon haben. Denn für alle beschriebenen Rezepte können Sie auch ohne weiteres Trockenhefe verwenden. Bei sehr festen Teigen müssen Sie dann allerdings eventuell 1–2 Eßlöffel Wasser zufügen. Beide Hefesorten haben ein aufgedrucktes Haltbarkeitsdatum. Auch nach diesem Datum können Sie unter Umständen noch verwenden (frische Hefe darf jedoch noch nicht hart oder verdorben sein), wenn Sie die Teigruhezeiten wesentlich verlängern, den Teig also länger gehen lassen.

Hilfsgeräte beim Backen

Ein elektrisches Handrührgerät haben Sie sicher. Seine Knethaken werden mit den meisten Brotteigen gut fertig. Wenn Sie häufig und viel Brot backen wollen, ohne »sich die Hände dabei schmutzig machen« zu wollen, eignet sich eine große Küchenmaschine mit starkem Motor und guten Kneteigenschaften am besten.

Mehle

Zum Glück gibt es endlich eine etwas größere Auswahl an Haushaltsmehlen, auch im Supermarkt. Das tut der Brotvielfalt gut. In den Rezepten dieses Buches werden nur diejenigen Sorten verwendet, die Sie im Supermarkt, Reformhaus oder Naturkostladen problemlos bekommen können:

Weizenmehl Type 405 (das normale Kuchenmehl und eventuell Type 550), dunkles Weizenmehl Type 1050
Doppelgriffiges Mehl
Helles Weizenmehl mit Weizenkeimen
Weizenvollkornmehl
Roggenmehl Type 997
Roggenvollkornmehl
Dinkelmehl Type 630
Dinkelvollkornmehl.

Wenn Sie gerne und viel Brot backen, lohnt sich vielleicht die Anschaffung einer eigenen Getreidemühle. Damit können Sie das Mehl jederzeit frisch mahlen. Ansonsten lassen Sie sich Vollkornmehle in Naturkostläden oder Reformhäusern frisch mahlen. Mehle, außer Type 405, sollten Sie nicht zu lange, kühl und trocken aufbewahren.

Salz

Bekanntlich wird bei der kommerziellen Brotherstellung nicht an Salz gespart. Salz konserviert und stabilisiert. Wenn Sie Brot selbst backen, können Sie so viel oder so wenig Salz verwenden, wie Sie wollen oder sollen. Sehr wenig Salz verändert lediglich die Krume (das weiche Innere des Brotes), das heißt, es entstehen meist größere Luftblasen, wie zum Beispiel in dem Toscanischen Weißbrot (Seite 24). Und natürlich ist die Haltbarkeit bei Verwendung von wenig Salz etwas geringer, was sich aber durch Einfrieren leicht ausgleichen läßt. Meersalz ist für das Brotbacken besonders gut geeignet. Es ist mineralstoffreicher und auch etwas aromatischer als normales Salz.

Sauerteig

Er wird aus Roggenmehl, Wasser und einem »Starter« (Honig, Buttermilch) hergestellt. Sauerteigextrakt (Vitam) gibt es im Reformhaus. Manchmal (zum Beispiel in Mühlen) werden sogenannte Fertigsauer angeboten.

Wasser

Das brauchen Sie zum Anfeuchten des Backofens (siehe Dampf) und zum Absprühen des Brotes, wenn es gerade aus dem Ofen kommt. Nehmen Sie am besten eine Blumenspritze aus Metall, die Sie nur für diesen Zweck verwenden, jedes Mal mit frischem Wasser füllen und in der Zwischenzeit auseinandergeschraubt trocken lagern. Zum Abstreichen des heißen Brotes gab es früher einen »Brotbesen«, das war ein etwas überdimensionierter Backpinsel, der auch nur für diesen Zweck verwendet wurde. Dieses Abstreichen oder Absprühen der heißen Kruste ist sehr wichtig, denn sie bekommt dadurch einen schönen Goldton, wird knusprig und gut schneidbar.

Zutaten

Zucker, Honig und Rübensirup fördern und beschleunigen die Teiggärung. Sirup färbt und aromatisiert Teige aus Roggenmehl. Butter, Öl und Schweineschmalz machen manche Teige zarter und mürber und tragen zu den Toasteigenschaften der Brote bei. Typische Gewürze wie Kümmel, Koriander, Fenchel und Anis machen Brot bekömmlicher.

Wichtige Hilfsmittel zum Brotbacken sind Blumenspritze und Backpinsel.

Brötchen

Zutaten für 12 Stück:
400 g Weizenmehl (Type 405)
1 Würfel Hefe (42 g)
2 Teel. Zucker
1/4 l lauwarmes Wasser
1 Eßl. Öl · 1 Teel. Salz
Für das Backblech: Butter
Zum Bestreuen: je 1 Teel. Mohn-, Sesam-, Kümmel- und Leinsamen

Preiswert

Pro Stück etwa:
560 kJ/130 kcal
4 g Eiweiß · 2 g Fett
25 g Kohlenhydrate

- Zubereitungszeit: etwa 1 Stunde 50 Minuten (davon 40 Minuten Ruhe- und 40 Minuten Backzeit)

1. Das Mehl in eine große Rührschüssel geben, die Hefe an eine Seite am Schüsselrand bröckeln, den Zucker über die Hefe streuen. Das Wasser dazugießen und mit der Hefe, dem Zucker und etwas von dem Mehl zu einem dünnen Brei verrühren. Die Schüssel zugedeckt etwa 15 Minuten an einen warmen Ort stellen.

2. Das restliche Mehl, das Öl und das Salz nach und nach mit den Knethaken des Handrührgerätes oder der Küchenmaschine unter den Vorteig kneten. Den Teig zugedeckt etwa 15 Minuten ruhen lassen. Das Blech fetten.

3. Den Teig noch einmal gründlich kneten, dann in 12 gleich große Stücke teilen. Jedes Stück mit nassen Händen zu einer Kugel formen. Die Teigkugeln auf dem Blech verteilen und flachdrücken. Mit Wasser bestreichen, mit den Samen bestreuen und diese etwas andrücken.

4. Mit einem Tuch zudecken und etwa 10 Minuten an einem warmen Ort gehen lassen, bis sich das Teigvolumen um etwa ein Drittel vergrößert hat.

5. Den Boden und die Seitenwände des kalten Backofens mit Wasser besprühen oder mit einem gut feuchten Tuch kurz abreiben. Die Brötchen in 30–35 Minuten im Backofen (Mitte) bei 250° goldbraun backen. Die Brötchen noch etwa 5 Minuten im ausgeschalteten Ofen stehenlassen.

6. Die Brötchen aus dem Backofen nehmen, auf ein Kuchengitter legen und von allen Seiten mit kaltem Wasser besprühen oder bestreichen.

Krustenbrötchen

Zutaten für 12 Stück:
400 g Weizenmehl (Type 405)
1 Würfel Hefe (42 g)
2Teel. Zucker
1/4 l lauwarmes Wasser
1 Eßl. weiches Schweineschmalz
1 Teel. Salz
Für das Backblech: Butter
Zum Bestreichen: je 1 Eßl. flüssiger Honig und Essig
Zum Bestreuen: 1 Eßl. grobes Salz

Raffiniert

Pro Stück etwa:
590 kJ/140 kcal
4 g Eiweiß · 2 g Fett
26 g Kohlenhydrate

- Zubereitungszeit: etwa 1 Stunde 40 Minuten (davon 40 Minuten Ruhe- und 40 Minuten Backzeit)

1. Das Mehl in eine große Rührschüssel geben, die Hefe an eine Seite am Schüsselrand bröckeln, den Zucker über die Hefe streuen. Das Wasser dazugießen und mit der Hefe, dem Zucker und etwas von dem Mehl verrühren. Die Schüssel zugedeckt etwa 15 Minuten warm stellen.

2. Das restliche Mehl, das Schweineschmalz und das Salz nach und nach mit den Knethaken des Handrührgerätes oder der Küchenmaschine unter den Vorteig kneten. Den Teig zugedeckt etwa 15 Minuten ruhen lassen. Das Blech fetten.

3. Den Teig noch einmal gründlich kneten. Den Teig in 12 gleich große Stücke teilen und mit nassen Händen Brötchen oder Brezeln daraus formen und auf dem Backblech verteilen. Den Honig mit dem Essig glattrühren. (Für Brezeln die doppelte Menge Essig und Honig nehmen.) Die Teigstücke mit der Mischung bestreichen und mit dem Salz bestreuen.

4. Weiterverfahren wie in den Schritten 4–6 im Brötchenrezept beschrieben.

Im Bild vorne: Brötchen
Im Bild hinten: Krustenbrötchen

Pitta

Zutaten für 6 Stück:
400 g Weizenmehl (Type 405)
1 Würfel Hefe (42 g)
1 Eßl. Honig
1/4 l lauwarmes Wasser
8 Eßl. Olivenöl
2 Teel. Meersalz
Zum Formen: 2 Eßl. Mehl
Für das Backblech: Butter
Zum Bestreuen: 2 Teel. ungeschälte Sesamsamen
1 Teel. schwarze Senfkörner oder Kreuzkümmel nach Belieben

Gelingt leicht

Pro Stück etwa:
1600 kJ/380 kcal
8 g Eiweiß · 17 g Fett
51 g Kohlenhydrate

- Zubereitungszeit: etwa 2 Stunden (davon 50 Minuten Ruhe- und 25–30 Minuten Backzeit)

1. Die Pitta wie in den Schritten 1–7 im Rezept für die Vintschger Fladen beschrieben zubereiten, aber statt des Sirups den Honig und statt der Gewürze das Öl zum Teig verwenden.

2. Nach dem Formen die Teigfladen auf dem Blech mit Wasser besprühen oder bestreichen, mit den Samen bestreuen und diese etwas andrücken.

3. Die Pitta im Backofen (Mitte) bei 250° in 25–30 Minuten backen.

4. Die Fladen im ausgeschalteten Backofen noch etwa 5 Minuten ruhen lassen.

Vintschger Fladen

Zutaten für 6 Stück:
200 g Weizenmehl (Type 405)
200 g Roggenmehl (Type 997)
1 Würfel Hefe (42 g)
1 Eßl. Rübensirup (Reformhaus)
300 ml lauwarmes Wasser
1 Teel. Kümmel
je 1/2 Teel. Fenchel- und Anissamen
2 Teel. Meersalz
Für das Backblech: Butter
Zum Formen: etwa 3 Eßl. Roggenmehl (Type 997)

Gelingt leicht

Pro Stück etwa:
960 kJ/230 kcal
7 g Eiweiß · 1 g Fett
50 g Kohlenhydrate

- Zubereitungszeit: etwa 1 3/4 Stunden (davon 30 Minuten Ruhe- und 40 Minuten Backzeit)

1. Die Mehle in einer großen Rührschüssel mischen, die Hefe an eine Seite am Schüsselrand bröckeln, den Sirup über die Hefe verteilen. Das Wasser dazugießen und mit der Hefe, dem Sirup und etwas von dem Mehl verrühren. Die Schüssel zugedeckt etwa 15 Minuten an einen warmen Ort stellen.

2. Das restliche Mehl, die Gewürze und das Salz nach und nach mit den Knethaken des Handrührgerätes oder einer Küchenmaschine unter den Vorteig kneten. Den Teig zugedeckt etwa 15 Minuten ruhen lassen. Dann das Backblech gut mit Butter fetten.

3. Den Teig so lange gründlich kneten, bis er geschmeidig ist und sich vom Schüsselrand zu lösen beginnt. Das dauert bei diesem klebrigen, feuchten Roggenteig etwa 5 Minuten.

4. Den Teig mit einem Teigschaber stückweise (so daß 6 gleich große Stücke entstehen) entnehmen und jedes nacheinander in dem restlichen Mehl wenden. Zwischen den bemehlten Handflächen jeweils zu einem flachen, etwa 15 x 15 cm großen Teigfladen formen (durch Hin- und Herklatschen). Die Fladen auf dem Blech verteilen. Mit einem Tuch zudecken und nochmals etwa 15 Minuten an einem warmen Ort gehen lassen, bis sich das Teigvolumen um etwa ein Drittel vergrößert hat.

5. Mit einer Backnadel oder einem Holzstäbchen mehrere Löcher in die Fladen stechen.

6. Den Boden und die Seitenwände des Backofens mit Wasser besprühen oder mit einem gut feuchten Tuch kurz abreiben. Die Fladen im Backofen (Mitte) bei 250° in 30–35 Minuten knusprig braun backen. Die Fladen noch etwa 5 Minuten im ausgeschalteten Ofen stehenlassen.

7. Die Vintschger aus dem Backofen nehmen, auf ein Kuchengitter legen und von allen Seiten mit kaltem Wasser besprühen.

Bild oben: Vintschger Fladen
Bild unten: Pitta

Dinkelknäcke

Knäckebrot aus Dinkel und ohne Triebmittel ist sehr bekömmlich, dazu ganz schnell und einfach gemacht. Knäckebrot bitte niemals zu braun werden lassen, es soll mehr trocknen als backen. Zum Backen von Knäckebrot ist Umlufthitze ideal.

Zutaten für 16 Scheiben:
1/8 l Milch
50 g Butter
250 g Dinkelvollkornmehl
1 Teel. Meersalz
Für das Backblech: Butter
Zum Ausrollen: etwa 2 Eßl. Dinkelmehl

Gelingt leicht

Pro Scheibe etwa:
330 kJ/79 kcal
2 g Eiweiß · 3 g Fett
10 g Kohlenhydrate

- Zubereitungszeit: etwa 1 Stunde 25 Minuten (davon 30 Minuten Ruhe- und 30 Minuten Backzeit)

1. Die Milch mit der Butter in einem kleinen Topf erhitzen, bis die Butter geschmolzen ist. Das Mehl in einer Rührschüssel mit dem Salz mischen.

2. Die warme Milch zu der Mehlmischung gießen und alle Zutaten nach und nach zu einem ziemlich festen, jedoch geschmeidigen Teig verarbeiten. Den Teig zu einem Kloß formen und zugedeckt etwa 30 Minuten ruhen lassen.

3. Das Backblech fetten. Das restliche Mehl auf eine Arbeitsfläche geben. Den Teigkloß halbieren und jedes Teil etwa 20 x 20 cm groß ausrollen. Jede Teigplatte in 8 Vierecke schneiden. Die Teigstücke auf dem Blech verteilen und jedes mit einer Gabel mehrmals einstechen.

4. Das Blech in den Backofen (Mitte) schieben und die Knäckebrote bei 180° (Umluft 165°) in 20–25 Minuten goldbraun backen. Nach dem Backen noch etwa 5 Minuten im ausgeschalteten Backofen stehenlassen, herausnehmen und auf einem Kuchengitter abkühlen lassen.

Tip!

Sie können diese Knäckebrote auch aus Roggenvollkornmehl zubereiten. Der Roggenteig ist allerdings etwas schwieriger zu verarbeiten.

Süßes Keimknäcke

Wenn schon selbst backen, dann natürlich Sorten, die es im Laden nicht zu kaufen gibt, wie zum Beispiel dieses süße Knäckebrot mit gesunden Keimen. Es schmeckt gut zum Tee oder Kaffee. Und mit Butter und Honig oder Marmelade ist es eine schöne Alternative zu Kuchen. Selbstgemachtes Knäckebrot schmeckt herrlich frisch und knusprig. Wenn es ganz trocken gebacken ist, können Sie es in einer gut schließenden Blechdose aufbewahren. Aber besser nicht länger als 14 Tage, denn dann verliert es seine Frische.

Zutaten für 16 Scheiben:
200 g helles Weizenmehl mit Weizenkeimen
5 Eßl. Weizenkeime oder 4 Eßl. Haferkeime (stabilisiert, Reformhaus oder Naturkostladen)
50 g brauner Zucker
1 Teel. Backpulver
50 g weiche Butter
100 ml Milch
Für das Backblech: Butter
Zum Ausrollen: 4–5 Eßl. Weizen- oder Haferkeime

Raffiniert

Pro Scheibe etwa:
390 kJ/93 kcal
6 g Eiweiß · 2 g Fett
15 g Kohlenhydrate

- Zubereitungszeit: etwa 1 3/4 Stunden (davon 30 Minuten Ruhe- und 35 Minuten Backzeit)

1. Das Mehl mit den Weizenkeimen, dem Zucker und dem Backpulver mischen. Die Butter in Flöckchen dazugeben und alles mit den Schneebesen des Handrührgerätes oder einer Küchenmaschine oder mit den Händen zu Streuseln mischen (zerreiben), bis die Butter nicht mehr sichtbar ist.

2. Die Milch auf einmal zu der Mehlmischung gießen und alle Zutaten nach und nach zu einem ziemlich festen, jedoch geschmeidigen Teig verarbeiten. Zu einem Kloß formen und zugedeckt etwa 30 Minuten ruhen lassen.

3. Das Backblech fetten. Die restlichen Keime auf eine Arbeitsfläche geben. Den Teigkloß halbieren und jedes Teil etwa 20 x 20 cm groß ausrollen. Jede Teigplatte in 8 Vierecke schneiden. Die Teigstücke auf dem Blech verteilen und jedes mit einer Gabel mehrmals einstechen.

4. Das Blech in den Backofen (Mitte) schieben. Die Knäckebrote bei 180° (Umluft 165°) in 25–30 Minuten goldbraun backen. Nach dem Backen noch etwa 5 Minuten im ausgeschalteten Backofen stehenlassen, dann herausnehmen und auf einem Kuchengitter abkühlen lassen.

Sojawecken

Zutaten für 16 Stück:
300 g Weizenmehl (Type 405)
50 g Sojamehl (Reformhaus)
1 Päckchen Vanillezucker
3/4 Würfel Hefe (30 g)
1 Eßl. flüssiger Honig
1/4 l lauwarmes Wasser
1 Teel. Salz
Für das Backblech: Butter
Zum Formen: etwa 3 Eßl. Mehl

Gelingt leicht

Pro Stück etwa:
390 kJ/88 kcal
4 g Eiweiß · 0 g Fett
18 g Kohlenhydrate

- Zubereitungszeit: etwa 1 Stunde 40 Minuten (davon 40 Minuten Ruhe- und 40 Minuten Backzeit)

1. Das Mehl in einer großen Rührschüssel mit dem Sojamehl und dem Vanillezucker mischen, die Hefe an eine Seite am Schüsselrand bröckeln, den Honig über die Hefe verteilen. Das Wasser dazugießen und mit der Hefe, dem Honig und etwas von der Mehlmischung zu einem dünnen Brei verrühren. Die Schüssel zugedeckt etwa 15 Minuten an einen warmen Ort stellen.

2. Das restliche Mehl und das Salz nach und nach mit den Knethaken des Handrührgerätes oder einer Küchenmaschine unter den Vorteig kneten. Den Teig zugedeckt etwa 15 Minuten ruhen lassen. Das Blech fetten.

3. Den Teig noch einmal gründlich kneten, bis er geschmeidig ist. Das Mehl auf eine Arbeitsfläche schütten. Den Teig als Kloß auf das Mehl geben, darin wälzen und zu einer etwa 40 cm langen gleichmäßig dicken Rolle formen. Die Teigrolle in 16 gleich große Stücke teilen. Jedes Teigstück nochmals kurz in Mehl wenden, schnell zu einer etwa 10 cm langen Rolle formen. Jeweils 8 Rollen dicht nebeneinander auf das Backblech legen, so daß sie sich berühren. Auf diese Weise entstehen zwei etwa 25 cm lange und etwa10 cm breite Teigstreifen.

4. Mit einem Tuch zudecken und nochmals etwa 10 Minuten an einem warmen Ort gehen lassen, bis sich das Teigvolumen um etwa ein Drittel vergrößert hat. Die Oberseite mit wenig Wasser bepinseln.

5. Den Boden und die Seitenwände des kalten Backofens mit Wasser besprühen oder mit einem gut feuchten Tuch kurz abreiben. Die Wecken im Backofen (Mitte) bei 250° in 30 –35 Minuten goldbraun backen. Die Wecken noch etwa 5 Minuten im ausgeschalteten Ofen stehenlassen.

6. Das Blech aus dem Backofen nehmen, die Weckenstangen auf ein Kuchengitter legen, von allen Seiten mit kaltem Wasser besprühen oder bestreichen und abkühlen lassen. Nach dem Abkühlen die Wecken einzeln abbrechen.

Haferkeimwecken

Zutaten für 16 Stück:
300 g helles Weizenmehl mit Weizenkeimen
50 g Haferkeime (stabilisiert, Reformhaus oder Naturkostladen)
1 Päckchen Vanillezucker
3/4 Würfel Hefe (30 g)
1 Eßl. flüssiger Honig
1/4 l Milch
1 Messerspitze Salz
Für das Backblech: Butter
Zum Formen: etwa 3 Eßl. Mehl
Zum Bestreichen: etwa 1 Eßl. Milch

Gelingt leicht

Pro Stück etwa:
380 kJ/90 kcal
4 g Eiweiß · 1 g Fett
16 g Kohlenhydrate

- Zubereitungszeit etwa 1 Stunde 40 Minuten (davon 45 Minuten Ruhe- und 30–35 Minuten Backzeit)

1. Das Mehl in einer großen Rührschüssel mit den Haferkeimen und dem Vanillezucker mischen, die Hefe an eine Seite am Schüsselrand bröckeln, den Honig über die Hefe verteilen. Die Milch dazugießen und mit der Hefe, dem Honig und etwas von der Mehlmischung zu einem Brei verrühren, zugedeckt etwa 15 Minuten warm stellen.

2. Weiterverfahren wie im Rezept Sojawecken in den Schritten 2–6 beschrieben.

Im Bild hinten: Sojawecken
Im Bild vorne: Haferkeimwecken

Focaccia

Zutaten für 20 Stück:
600 g Weizenmehl (Type 405)
1 Würfel Hefe (42 g)
2 Teel. Zucker
400 ml lauwarmes Wasser
4 Eßl. Olivenöl
1 Eßl. Salz
Für das Backblech: Butter
Für den Belag: 100 g kalte Butter
1 Eßl. grobkörniges Salz

Für Gäste
Spezialität aus Italien

Pro Stück etwa:
790 kJ/190 kcal
4 g Eiweiß · 9 g Fett
22 g Kohlenhydrate

- Zubereitungszeit: etwa 1 Stunde 50 Minuten (davon 30 Minuten Ruhe- und 45 Minuten Backzeit)

1. Das Mehl in eine große Rührschüssel geben, die Hefe an eine Seite am Schüsselrand bröckeln, den Zucker über die Hefe streuen. Das Wasser dazugießen und mit der Hefe, dem Zucker und etwas von dem Mehl zu einem dünnen Brei verrühren. Die Schüssel zugedeckt etwa 15 Minuten an einen warmen Ort stellen.

2. Das restliche Mehl, das Öl und das Salz nach und nach mit den Knethaken des Handrührgerätes oder einer Küchenmaschine unter den Vorteig kneten. Den Teig zugedeckt etwa 15 Minuten ruhen lassen. Das Blech fetten.

3. Den Teig noch einmal gründlich kneten, bis er geschmeidig ist. Dann auf das Blech geben, mit einem Teigschaber darauf verteilen und glattstreichen. Die Ränder etwas hochdrücken. Mit einem Tuch zudecken und nochmals etwa 15 Minuten gehen lassen, bis sich das Teigvolumen um etwa ein Drittel vergrößert hat.

4. Den Teig mit einer zweizinkigen Gabel häufig einstechen. Die Butter in Flöckchen über den Teig verteilen und das Salz gleichmäßig darüber streuen.

5. Den Boden und die Seitenwände des kalten Backofens mit Wasser besprühen oder mit einem gut feuchten Tuch kurz abreiben. Den Backofen auf 230° einstellen. Die Focaccia im Backofen (unten) in etwa 30–35 Minuten knusprig goldbraun backen. Das Blech etwa 10 Minuten im ausgeschalteten Ofen stehenlassen.

6. Die Focaccia aus dem Backofen nehmen, die Oberseite mit kaltem Wasser besprühen, etwa 10 Minuten ruhen lassen, dann vorsichtig auf ein Kuchengitter gleiten lassen. Noch warm oder kalt servieren.

Varianten:

Focaccia mit Tomaten
Den Teig statt mit Butter und Salz mit einer Mischung aus 250 g pürierten Tomaten, 4 Eßlöffeln Olivenöl, 1 Teelöffel getrockneten, gerebelten Kräutern der Provence und je 1/2 Teelöffel Salz und gemahlenem schwarzem Pfeffer bestreichen und mit einer Gabel mehrmals einstechen. Sofort nach dem Herausnehmen aus dem Backofen mit mindestens 5 Eßlöffeln Olivenöl bestreichen.

Focaccia mit Oliven
Statt Butter und Salz etwa 20 schwarze in Salz eingelegte Oliven entsteinen, grob hacken und über den Teig streuen, 10 Eßlöffel Olivenöl über den Teig streichen und etwas schwarzen Pfeffer darüber mahlen. Mit einer Gabel mehrmals einstechen. Sofort nach dem Herausnehmen aus dem Backofen noch einmal mit mindestens 5 Eßlöffeln Olivenöl bestreichen.

Kartoffelfocaccia
500 g mehligfestkochende Kartoffeln schälen, in dünne Scheiben hobeln und in gut 1 l leicht gesalzenem kochendem Wasser etwa 1 Minute blanchieren. Die Kartoffelscheiben statt Butter und Salz über den Teig verteilen. 10 Eßlöffel Olivenöl darüber streichen, 1 Teelöffel getrockneten, gerebelten Rosmarin, 1/2 Teelöffel Salz und etwa 1/4 Teelöffel schwarzen gemahlenen Pfeffer darüber streuen. Sofort nach dem Herausnehmen aus dem Backofen mit mindestens 5 Eßlöffeln Olivenöl bestreichen.

Focaccia »Quattro Stagione«
Je ein Viertel von jedem Belag auf je ein Viertel des Teiges streichen.

Focaccia, eine italienische Spezialität, schmeckt köstlich auch als Snack zwischendurch.

Bayerische Bierstangen

Zutaten für 12 Stück:
200 g doppelgriffiges Weizenmehl
50 g Roggenmehl (Type 997)
1/2 Würfel Hefe (21 g)
1 Teel. Zucker
1/8 l lauwarmes Wasser
20 g weiches Schweineschmalz
1/2 Teel. Salz
1 Teel. Backpulver
Für das Backblech: Butter
Zum Formen: etwas Mehl
Zum Bestreichen: 1 kleines Ei
Zum Bestreuen: 2 Teel. Kümmelsamen
und 1 Teel. grobes Salz

Gelingt leicht

Pro Stück etwa:
370 kJ/88 kcal
2 g Eiweiß · 2 g Fett
16 g Kohlenhydrate

- Zubereitungszeit: etwa 1 1/2 Stunden (davon 45 Minuten Ruhe- und 25 Minuten Backzeit)

1. Die Mehle mischen und in eine große Rührschüssel geben, die Hefe an eine Seite am Schüsselrand bröckeln, den Zucker über die Hefe streuen. Das Wasser dazugießen und mit der Hefe, dem Zucker und etwas von dem Mehl zu einem dünnen Brei verrühren. Die Schüssel zugedeckt etwa 15 Minuten an einen warmen Ort stellen.

2. Das restliche Mehl, das Schweineschmalz und das Salz nach und nach unter den Vorteig kneten, dabei das Backpulver erst unter das letzte noch trockene Mehl mischen. Den Teig zugedeckt 15 Minuten ruhen lassen. Das Blech fetten.

3. Den Teig noch einmal gründlich kneten. Etwas Mehl auf eine Arbeitsfläche geben. Den Teig als Kloß auf das Mehl geben, darin wälzen und in 12 gleich große Stücke teilen. Jedes Teigstück zu einer etwa 20 cm langen Rolle formen. Die Rollen mit dem verquirlten Ei bestreichen und mit dem Kümmel und dem Salz bestreuen. Die Teigrollen in genügendem Abstand auf das Blech legen und die Stangen weitere 15 Minuten gehen lassen. Dann die Bierstangen wie im Rezept für die Grissini in Schritt 4 beschrieben fertig zubereiten.

Grissini

Zutaten für 16 Stück:
250 g doppelgriffiges Weizenmehl
1/2 Würfel Hefe (21 g)
1 Teel. Zucker
1/8 l lauwarmes Wasser
50 g weiche Butter
1 Teel. Salz
1 Teel. Backpulver
Für das Backblech: Butter
Zum Formen: etwa 2 Eßl.
Mohnsamen

Spezialität aus Italien

Pro Stück etwa:
340 kJ/81 kcal
2 g Eiweiß · 3 g Fett
12 g Kohlenhydrate

- Zubereitungszeit: etwa 1 1/2 Stunden (davon 35 Minuten Ruhe- und 25 Minuten Backzeit)

1. Das Mehl in eine große Rührschüssel geben, die Hefe an eine Seite am Schüsselrand bröckeln, den Zucker über die Hefe streuen. Das Wasser dazugießen und mit der Hefe, dem Zucker und etwas von dem Mehl zu einem dünnen Brei verrühren. Die Schüssel zugedeckt etwa 15 Minuten an einen warmen Ort stellen.

2. Das restliche Mehl, die Butter und das Salz unterkneten, dabei das Backpulver erst unter das letzte noch trockene Mehl mischen. Den Teig zugedeckt 15 Minuten ruhen lassen. Das Blech fetten.

3. Den Teig noch einmal gründlich kneten. Den Mohn auf eine Arbeitsfläche geben. Den Teig als Kloß auf den Mohn geben, darin wälzen und in 16 gleich große Stücke teilen. Jedes Teigstück zu einer etwa 30 cm langen Rolle formen, dazu in soviel Mohn wälzen, wie zum Formen notwendig ist (mit zuviel Mohn rutscht der Teig). Die Teigrollen in genügendem Abstand auf das Blech legen. Den Teig nicht mehr gehen lassen.

4. Den Boden und die Seitenwände des kalten Backofens mit Wasser besprühen oder mit einem gut feuchten Tuch kurz abreiben. Die Grissini im Backofen (Mitte) bei 250° in etwa 25 Minuten knusprig goldbraun backen. Nach dem Backen noch etwa 5 Minuten im ausgeschalteten Ofen stehenlassen, herausnehmen und besprühen.

Im Bild rechts: Grissini
Im Bild links: Bayerische Bierstangen

Quarkbrötchen

Zutaten für 16 Stück:
300 g Weizenmehl (Type 405)
3 Teel. Backpulver
je 1 Teel. Salz und Zucker
250 g Magerquark
50 g weiche Butter
Für das Backblech: Butter
Zum Bestreuen: 2 Teel. Mohn- oder Kümmelsamen

Schnell
Gelingt leicht

Pro Stück etwa:
410 kJ/98 kcal
4 g Eiweiß · 3 g Fett
14 g Kohlenhydrate

- Zubereitungszeit: etwa 50 Minuten (davon 35 Minuten Backzeit)

1. Das Mehl in einer Rührschüssel mit dem Backpulver, dem Salz und dem Zucker mischen. Den Quark und die Butter hinzufügen und alles schnell, doch gründlich von Hand oder mit den Knethaken des Handrührgerätes oder einer Küchenmaschine zu einem ziemlich festen, doch geschmeidigen Teig kneten. Sollten die Zutaten sich nicht völlig zu Teig verbinden (bei zu trockenem Quark), wenig Wasser hinzufügen. Den Teig zu einer Kugel formen.

2. Das Backblech fetten.

3. Den Teig in 4 gleich große Teile und jedes wieder in 4 gleich große Teigstücke teilen. Jedes zu einer Kugel formen. Die Teigkugeln auf dem Backblech verteilen und jede auf etwa 2 cm Dicke flachdrücken. Die Teigstücke mit Wasser besprühen oder bestreichen, mit Mohn oder Kümmel bestreuen und die Samen etwas andrücken.

4. Die Brötchen im Backofen (Mitte) bei 190° (Umluft 170°) in 25–30 Minuten goldbraun backen. Nach dem Backen noch etwa 5 Minuten im ausgeschalteten Backofen stehenlassen.

5. Die Brötchen auf einem Kuchengitter mit kaltem Wasser besprühen.

Muffins

Zutaten für 1 Muffinblech oder 12 Papierbackförmchen (12 Stück):
250 g Weizenmehl (Type 405)
2 Teel. Backpulver
je 1 Teel. Salz und Zucker
je 1 Prise schwarzer Pfeffer und Muskatnuß, frisch gemahlen
150 g Vollmilchjoghurt
100 g Sahne · 100 g Magerquark
Für das Muffinblech: Butter oder für die 12 Papierbackförmchen: etwas Mehl
Zum Bestäuben: Mehl oder Puderzucker

Schnell

Pro Stück etwa:
470 kJ/110 kcal
4 g Eiweiß · 3 g Fett
17 g Kohlenhydrate

- Zubereitungszeit: etwa 50 Minuten (davon 35 Minuten Backzeit)

1. Das Mehl in einer Rührschüssel mit dem Backpulver, dem Salz, dem Zucker, dem Pfeffer und dem Muskat mischen. Den Joghurt, die Sahne und den Quark mit einem Rührlöffel oder den Knethaken des Handrührgerätes oder einer Küchenmaschine gründlich unter die Mehlmischung kneten, so daß ein geschmeidiger weicher Teig entsteht. Zu einem Kloß formen.

2. Das Blech gut fetten oder die Förmchen mit etwas Mehl ausstreuen und auf einem Backblech verteilen.

3. Den Teig mit einem immer wieder angefeuchteten Brotmesser in 4 gleich große Teile und jedes wieder in 3 gleich große Teigstücke teilen. Jedes Teigstück mit nassen Händen zu einer Kugel formen und in je eine Mulde vom Blech oder in je ein Förmchen legen.

4. Die Muffins im Backofen (Mitte) bei 190° (Umluft 170°) in 25–30 Minuten goldbraun backen. Dann noch etwa 5 Minuten im ausgeschalteten Backofen stehenlassen.

5. Die Muffins herausnehmen, auf ein Kuchengitter legen, die Oberseite mit kaltem Wasser besprühen oder bestreichen. Abkühlen lassen und eventuell mit etwas Mehl oder Puderzucker bestäuben.

Bild oben: Quarkbrötchen
Bild unten: Muffins

Weißbrot

Zutaten für 1 Kastenform von mindestens 32 cm Länge (1 Brot von etwa 1 kg):
750 g Weizenmehl (Type 405)
1 Würfel Hefe (42 g)
1 Eßl. Zucker
1/2 l lauwarmes Wasser
1 Eßl. Salz
Für die Form: Butter

Preiswert

Pro 50-g-Scheibe etwa:
740 kJ/180 kcal
6 g Eiweiß · 1 g Fett
37 g Kohlenhydrate

- Zubereitungszeit: etwa 2 1/2 Stunden (davon 40 Minuten Ruhe- und 1 1/2 Stunden Backzeit)

1. Das Mehl in eine große Rührschüssel geben, die Hefe an eine Seite am Schüsselrand bröckeln, den Zucker über die Hefe streuen.

2. Das Wasser dazugießen und mit der Hefe, dem Zucker und etwas von dem Mehl zu einem dünnen Brei verrühren, dabei darauf achten, daß sich die Hefe auflöst.

3. Die Schüssel mit einem Tuch bedeckt etwa 15 Minuten an einen warmen Ort stellen.

4. Das restliche Mehl und das Salz nach und nach unter den Vorteig mischen, zuerst rühren, dann mit der Hand oder den Knethaken des Handrührgerätes oder einer Küchenmaschine kneten, bis alles Mehl zu Teig verarbeitet ist. Den Teig etwa 15 Minuten ruhen lassen. Die Form fetten.

5. Den Teig noch einmal gründlich kneten, bis er geschmeidig ist und sich vom Schüsselrand löst.

6. Den Teig in die Form füllen, mit einem Teigschaber glattstreichen. Mit einem Küchentuch zudecken und nochmals etwa 15 Minuten an einem warmen Ort gehen lassen, bis sich das Teigvolumen um etwa ein Drittel vergrößert hat.

7. Den Boden und die Seitenwände des kalten Backofens mit Wasser besprühen oder mit einem gut feuchten Tuch kurz abreiben.

8. Das Brot im Backofen (unten) bei 200° in etwa 1 Stunde 15 Minuten goldbraun backen. Das Brot dann noch etwa 10 Minuten im ausgeschalteten Ofen stehenlassen.

9. Das Brot aus dem Backofen und vorsichtig aus der Form nehmen, auf ein Kuchengitter legen, von allen Seiten mit kaltem Wasser besprühen oder bestreichen und abkühlen lassen.

Varianten:

Milchbrot
Aus 750 g Weizenmehl (Type 405), 1 Würfel Hefe (42 g), 2 Eßlöffeln Zucker, 1/2 l lauwarmer Milch, 1 Teelöffel Salz und 100 g Sultaninen genauso einen Hefeteig herstellen und in der Form backen wie beim Weißbrot beschrieben. Die Backzeit beträgt 1 Stunde 10 Minuten.

Quarkbrot
Aus 750 g Weizenmehl (Type 405), 1 Würfel Hefe (42 g), 2 Eßlöffeln Zucker, 1/4 l lauwarmem Wasser, 1 Teelöffel Salz, 500 g Magerquark, 100 g Rosinen oder Sultaninen, 50 g flüssiger Butter genauso einen Hefeteig herstellen und in der Form backen wie beim Weißbrot beschrieben. Die Backzeit beträgt 1 Stunde 15 Minuten.

Tip:
Selbstgebackenes Weißbrot schmeckt frisch am besten, aber auch noch am nächsten und übernächsten Tag. Zum Weißbrot paßt Wurst oder Käse, zum Milch- und Quarkbrot schmecken Marmelade, Honig oder andere süße Aufstriche.

Leckere Weißbrote, wie das rechts abgebildete Milchbrot, und auch Toasts selberbacken ist ganz einfach.

Toscanisches Weißbrot

Dieses praktisch salzlose Brot schmeckt besonders gut zu echt italienischer Salami oder zu Schinken, oder auch ganz einfach mit gutem Olivenöl beträufelt und mit Salz bestreut.

Zutaten für 1 Brot (etwa 600 g):
400 g doppelgriffiges Weizenmehl
1/2 Würfel Hefe (21 g)
1/2 Teel. Zucker
1/4 l lauwarmes Wasser
1 Messerspitze Salz
Für das Backblech: Butter
Zum Formen: etwas Mehl

Braucht etwas Zeit

Bei 12 Scheiben
pro 50-g-Scheibe etwa:
490 kJ/120 kcal
4 g Eiweiß · 0 g Fett
24 g Kohlenhydrate

- Zubereitungszeit: etwa 2 1/2 Stunden (davon 1 1/4 Stunde Ruhe- und 1 Stunde Backzeit)

1. Den Teig für das Toscanische Weißbrot zubereiten wie in den Schritten 1–3 beim Baguette beschrieben.

2. Dann das restliche Mehl auf eine Arbeitsfläche geben. Den Teig als Kloß mit bemehlten Händen aus der Schüssel nehmen und in dem Mehl wälzen, dann den Teig zu einer Kugel formen und diese auf das Backblech legen. Mit der flachen Hand von innen nach außen zu einem Kreis von etwa 20 cm Durchmesser formen.

3. Das Toscanische Weißbrot fertig zubereiten wie in den Schritten 5–7 beim Baguette beschrieben.

Baguette

Zutaten für 2 Baguettes (je etwa 270 g):
400 g doppelgriffiges Weizenmehl
1/2 Würfel Hefe (21 g)
1/2 Teel. Zucker
1/4 l lauwarmes Wasser
2 Teel. Salz
Für das Backblech: Butter
Zum Formen: etwas Mehl

Braucht etwas Zeit

Pro Stück etwa:
2900 kJ/690 kcal
22 g Eiweiß · 2 g Fett
150 g Kohlenhydrate

- Zubereitungszeit: etwa 2 1/2 Stunden (davon 1 1/4 Stunden Ruhe- und 1 Stunde Backzeit)

1. Das Mehl in eine große Rührschüssel geben, die Hefe an eine Seite am Schüsselrand bröckeln, den Zucker über die Hefe streuen. Das Wasser dazugießen und mit der Hefe, dem Zucker und etwas von dem Mehl zu einem dünnen Brei verrühren. Die Schüssel zugedeckt etwa 20 Minuten an einen warmen Ort stellen.

2. Das restliche Mehl und das Salz nach und nach mit der Hand oder den Knethaken des Handrührgerätes oder einer Küchenmaschine unter den Vorteig kneten. Den Teig zugedeckt etwa 30 Minuten ruhen lassen. Das Blech fetten.

3. Den Teig noch einmal gründlich kneten, bis er geschmeidig geworden ist.

4. Das restliche Mehl auf eine Arbeitsfläche geben. Den Teig in 2 gleich großen getrennten Portionen mit bemehlten Händen aus der Schüssel nehmen, in dem Mehl wenden, überschüssiges Mehl abklopfen und jedes Teigstück zu einer etwa 40 cm langen Rolle formen. In genügendem Abstand auf das Blech legen und jede Rolle auf 5–6 cm Breite flachdrücken.

5. Die Rollen mit einem Tuch zudecken und nochmals etwa 20 Minuten an einem warmen Ort gehen lassen, bis sich das Teigvolumen um etwa ein Drittel vergrößert hat.

6. Den Boden und die Seitenwände des kalten Backofens mit Wasser besprühen oder mit einem gut feuchten Tuch kurz abreiben. Die Baguettes im Backofen (Mitte) bei 250° in etwa 45 Minuten goldbraun backen. Noch etwa 15 Minuten im ausgeschalteten Ofen stehenlassen.

7. Die Brote aus dem Backofen nehmen, auf ein Kuchengitter legen, von allen Seiten mit kaltem Wasser besprühen oder bestreichen.

Im Bild hinten: Toscanisches Weißbrot
Im Bild vorne: Baguette

Dinkel-Weizen-Toast

Toast selberbacken ist kein Problem. Am liebsten mag das Toastbrot die Umlufthitze und eine Form aus Glas, damit es beim Backen nur wenig Kruste bekommt, dafür um so mehr beim Toasten.

Zutaten für 1 Kastenform von 26 cm Länge (1 Brot von etwa 650 g):
200 g Dinkelmehl (Type 630)
100 g Weizenmehl (Type 1050)
100 g Weizenmehl (Type 405)
3/4 Würfel Hefe (30 g)
2 Eßl. flüssiger Honig
1/4 l lauwarmes Wasser
50 g weiche Butter
1 Eigelb
2 Teel. Salz
Für die Form: Butter

Gelingt leicht

Bei 13 Scheiben
pro 50-g-Scheibe:
620 kJ/150kcal
4 g Eiweiß · 4 g Fett
24 g Kohlenhydrate

- Zubereitungszeit: etwa 2 Stunden (davon 45 Minuten Ruhe- und 1 Stunde Backzeit)

1. Die Mehle in einer Schüssel mischen, die Hefe an eine Seite am Schüsselrand bröckeln und mit dem Wasser, dem Honig und etwas von dem Mehl zu einem dünnen Brei verrühren. Die Schüssel zugedeckt etwa 15 Minuten an einen warmen Ort stellen.

2. Das restliche Mehl, die Butter, das Eigelb und das Salz nach und nach unter den Vorteig kneten. Den Teig zugedeckt etwa 15 Minuten ruhen lassen. Dann den Teig noch einmal gründlich kneten, bis er geschmeidig ist.

3. Die Form fetten. Den Teig mit einem Teigschaber in die Form füllen und glattstreichen. Mit einem Tuch zudecken und nochmals etwa 15 Minuten an einem warmen Ort gehen lassen, bis sich das Teigvolumen um etwa ein Drittel vergrößert hat.

4. Den Boden und die Seitenwände des kalten Backofens mit Wasser besprühen oder mit einem gut feuchten Tuch kurz abreiben. Das Brot im Backofen (unten) bei 190° (Umluft 170°) in etwa 45 Minuten goldbraun backen. Nach dem Backen noch etwa 10 Minuten im ausgeschalteten Ofen stehenlassen.

Knuspertoast

Zutaten für 1 Kastenform von
26 cm Länge
(1 Toastbrot von etwa 700 g):
100 g Hirse
25 g Butter
2 Eßl. Mohnsamen
300 g Weizenmehl (Type 405)
3/4 Würfel Hefe (30 g)
2 Eßl. brauner Zucker
100 ml lauwarmes Wasser
1 Eigelb
100 g Sahne
1 Teel. Salz
Für die Form: Butter

Raffiniert

Bei 14 Scheiben
pro 50-g-Scheibe etwa:
710 kJ/170 kcal
4 g Eiweiß · 6 g Fett
24 g Kohlenhydrate

- Zubereitungszeit: etwa 2 Stunden (davon 45 Minuten Ruhe- und 1 Stunde Backzeit)

Tips!

Bewahren Sie selbstgebackenes Toastbrot am besten im Ganzen und nicht länger als 1 Woche auf. Die Scheiben vor dem Toasten nach Bedarf gut 1 cm dick abschneiden. Oder für längeres Aufbewahren die Toastscheiben bis zum Gebrauch einfrieren.

1. Die Hirse in einem Sieb mit etwa 1 l kochendem Wasser übergießen, abtropfen lassen. Die Butter erhitzen, die Mohnsamen und die Hirse dazugeben und 2–3 Minuten unter Rühren anbraten. Das Mehl in eine Schüssel füllen, die Hefe hineinbröckeln und mit dem Zucker, dem Wasser und etwas von dem Mehl verrühren.

2. Die Schüssel zugedeckt etwa 15 Minuten an einen warmen Ort stellen. Dann das restliche Mehl, das Eigelb, die Sahne, das Salz und den Pfanneninhalt nach und nach unter den Vorteig kneten. Den Teig zugedeckt weitere 15 Minuten ruhen lassen. Dann gründlich kneten.

3. Die Form fetten. Den Teig mit einem Teigschaber in die Form füllen und glattstreichen. Mit einem Tuch zudecken und nochmals etwa 15 Minuten an einem warmen Ort gehen lassen, bis sich das Teigvolumen um etwa ein Drittel vergrößert hat.

4. Den Boden und die Seitenwände des kalten Backofens mit Wasser besprühen oder mit einem gut feuchten Tuch kurz abreiben. Das Brot im Backofen (unten) bei 190° (Umluft 170°) in etwa 45 Minuten goldbraun backen. Nach dem Backen noch etwa 10 Minuten im ausgeschalteten Ofen stehenlassen.

Goldtoast

Zutaten für 1 Kastenform von 32 cm Länge (1 Toastbrot von etwa 800 g):
500 g Weizenmehl (Type 405)
1 Würfel Hefe (42 g)
2 Eßl. Zucker
300 ml lauwarmes Wasser
50 g weiche Butter
2 Eigelb
2 Teel. Salz
Für die Form: Butter

Gelingt leicht

Bei 20 Scheiben
pro 40-g-Scheibe etwa:
480 kJ/110 kcal
3 g Eiweiß · 3 g Fett
20 g Kohlenhydrate

- Zubereitungszeit: etwa 2 Stunden (davon 45 Minuten Ruhe- und 1 Stunde Backzeit)

1. Das Mehl in eine große Rührschüssel geben, die Hefe an eine Seite am Schüsselrand bröckeln, den Zucker über die Hefe streuen. Das Wasser dazugießen und mit der Hefe, dem Zucker und etwas von dem Mehl zu einem dünnen Brei verrühren.

2. Die Schüssel zugedeckt etwa 15 Minuten an einen warmen Ort stellen.

3. Das restliche Mehl, die Butter in Flöckchen, die Eigelbe und das Salz nach und nach mit den Knethaken des Handrührgerätes oder einer Küchenmaschine unter den Vorteig kneten. Den Teig zugedeckt etwa 15 Minuten ruhen lassen. Dann die Form fetten.

4. Den Teig kneten, in die Form füllen und glattstreichen. Mit einem Tuch zudecken und nochmals etwa 15 Minuten an einem warmen Ort gehen lassen, bis sich das Teigvolumen um etwa ein Drittel vergrößert hat.

5. Den Boden und die Seitenwände des kalten Backofens mit Wasser besprühen oder mit einem gut feuchten Tuch kurz abreiben. Das Brot im Backofen (unten) bei 190° (Umluft 170°) in etwa 50 Minuten goldbraun backen. Dann noch etwa 10 Minuten im ausgeschalteten Ofen stehenlassen.

6. Das Brot aus dem Backofen und vorsichtig aus der Form nehmen, auf ein Kuchengitter legen, von allen Seiten mit kaltem Wasser besprühen oder bestreichen. Am nächsten Tag nach Bedarf gut 1 cm dicke Scheiben abschneiden und toasten.

Roggentoastbrot

Zutaten für 1 Kastenform von 32 cm Länge (1 Brot von etwa 880 g):
300 g Weizenmehl (Type 405)
200 g Roggenmehl (Type 997)
1 Würfel Hefe (42 g)
1 Eßl. Zucker · 1 Eßl. Rübensirup
1/4 l lauwarme Buttermilch
125 g Crème fraîche
2 Teel. Salz
Für die Form: Butter

Gelingt leicht

Bei 22 Scheiben
pro 40-g-Scheibe etwa:
430 kJ/100 kcal
3 g Eiweiß · 3 g Fett
17 g Kohlenhydrate

- Zubereitungszeit: etwa 2 Stunden (davon 45 Minuten Ruhe- und 1 Stunde Backzeit)

1. Die Mehle in einer großen Rührschüssel mischen, die Hefe an eine Seite am Schüsselrand bröckeln, den Zucker und den Sirup über die Hefe verteilen. Die Buttermilch dazugießen und mit der Hefe, dem Zucker, dem Sirup und etwas von der Mehlmischung zu einem dünnen Brei verrühren.

2. Die Schüssel zugedeckt etwa 15 Minuten an einen warmen Ort stellen.

3. Das restliche Mehl, die Creme fraiche und das Salz nach und nach mit den Knethaken des Handrührgerätes oder einer Küchenmaschine unter den Vorteig kneten. Den Teig zugedeckt etwa 15 Minuten ruhen lassen. Die Form fetten.

4. Das Roggentoastbrot fertigstellen wie in den Arbeitsschritten 4–6 beim Goldtoast beschrieben.

Bild oben: Goldtoast
Bild unten: Roggentoast

Helles Bauernbrot

Zutaten für 1 Brot (etwa 700 g):
300 ml Wasser
2 Eßl. Schweineschmalz
2 Eßl. Essig
300 g Weizenmehl (Type 405)
200 g Roggenmehl (Type 997)
1 Würfel Hefe (42 g)
1 Teel. Zucker
2 Teel. Salz
Für das Backblech: Butter
Zum Formen: etwa 2 Eßl. Weizen- oder Roggenmehl

Gelingt leicht

Bei 14 Scheiben
pro 50-g-Scheibe etwa:
590 kJ/140 kcal
4 g Eiweiß · 3 g Fett
26 g Kohlenhydrate

- Zubereitungszeit: etwa 2 3/4 Stunden (davon 55 Minuten Ruhe- und 1 1/4 Stunden Backzeit)

1. Das Wasser mit dem Schmalz und dem Essig in einem kleinen Topf erhitzen, bis das Fett flüssig geworden ist. Die Mischung auf Handwärme abkühlen lassen. Die Mehle in einer Schüssel mischen, die Hefe hineinbröckeln und mit dem Zucker, dem lauwarmen Essigwasser und etwas von dem Mehl zu einem dünnen Brei verrühren.

2. Das helle Bauernbrot genauso wie in den Arbeitsschritten 2–8 beim Schweizer Landbrot ausführlich beschrieben zubereiten.

Schweizer Landbrot

Sie müssen nicht unbedingt Schweizer sein, um dieses köstliche Mischbrot zu mögen – in der Schweiz und in Österreich sind helle Brote aber besonders beliebt.

Zutaten für 1 Brot (etwa 700 g):
250 g Weizenmehl (Type 405)
250 g Weizenmehl (Type 1050)
1 Würfel Hefe (42 g)
1 Teel. Zucker
300 ml lauwarmes Wasser
2 Teel. Salz
Für das Backblech: Butter
Zum Formen: etwa 2 Eßl. Mehl

Preiswert

Bei 14 Scheiben
pro 50-g-Scheibe etwa:
520 kJ/120 kcal
1 g Eiweiß · 4 g Fett
12 g Kohlenhydrate

- Zubereitungszeit: etwa 2 3/4 Stunden (davon 55 Minuten Ruhe- und 1 1/4 Stunden Backzeit)

1. Die Mehle in einer großen Rührschüssel mischen, die Hefe an eine Seite am Schüsselrand bröckeln, den Zucker über die Hefe streuen. Das Wasser dazugießen und mit der Hefe, dem Zucker und etwas von der Mehlmischung zu einem dünnen Brei verrühren.

2. Die Rührschüssel mit einem Tuch zudecken und etwa 15 Minuten an einen warmen Ort stellen.

3. Das restliche Mehl und das Salz nach und nach mit den Knethaken des Handrührgerätes oder einer Küchenmaschine unter den Vorteig kneten. Den Teig zugedeckt etwa 20 Minuten ruhen lassen. Das Blech fetten.

4. Den Teig noch einmal gründlich kneten, bis er geschmeidig ist. Das restliche Mehl auf eine Arbeitsfläche geben. Den Teig als Kloß auf das Mehl geben, darin wenden, zu einer Kugel formen und diese auf das Backblech legen. Mit der flachen Hand von innen nach außen auf einen Kreis von etwa 20 cm Durchmesser flachdrücken.

5. Mit einem Tuch zudecken und mindestens 15 Minuten an einem warmen Ort gehen lassen, bis sich das Teigvolumen um etwa ein Drittel vergrößert hat.

6. Den Boden und die Seitenwände des kalten Backofens mit Wasser besprühen oder mit einem gut feuchten Tuch kurz abreiben.

7. Das Brot im Backofen (unten) bei 220° in etwa 1 Stunde goldbraun backen. Noch 10–15 Minuten im ausgeschalteten Ofen stehenlassen.

8. Das Brot aus dem Backofen nehmen, auf ein Kuchengitter legen und dann von allen Seiten mit kaltem Wasser besprühen oder bestreichen.

Im Bild hinten: Helles Bauernbrot
Im Bild vorne: Schweizer Landbrot

Bayerisches Hausbrot

Das ist ein ideales würziges Brot zum Verschenken. Ich serviere es auch oft, wenn ich Gäste habe. Knusprig frisches Brot paßt nämlich zu jedem Gericht. Auch die Angst, das Essen könnte nicht reichen, fällt damit weg und alle freuen sich.

Zutaten für 1 Brot (etwa 1,2 kg):
200 g Weizenmehl (Type 405)
1 Würfel Hefe (42 g)
1 Eßl. flüssiger Honig
1/2 l lauwarmes Wasser
200 g Weizenmehl (Type 1050)
200 g Roggenmehl (Type 997)
200 g Weizenvollkornmehl
1 Päckchen Sauerteigextrakt (15 g) (Reformhaus)
1–2 Eßl. bayerisches Brotgewürz (Mischung aus ganzen Kümmel-, Koriander- und Fenchelsamen zu gleichen Teilen)
1 leicht gehäufter Eßl. Salz
Für das Backblech: Butter
Zum Bestreuen: 1 Eßl. bayerisches Brotgewürz

Für Gäste
Gut vorzubereiten

Bei 24 Scheiben
pro 50-g-Scheibe etwa:
460 kJ/110 kcal
4 g Eiweiß · 0 g Fett
23 g Kohlenhydrate

- Zubereitungszeit: 2 1/2 Stunden (davon 45 Minuten Ruhe- und 1 1/2 Stunden Backzeit)

1. Das Weizenmehl (Type 405) in eine große Rührschüssel geben, die Hefe auf das Mehl bröckeln, den Honig über die Hefe verteilen. Das Wasser dazugießen und mit der Hefe, dem Honig und dem Mehl verrühren.

2. Die Schüssel mit einem Tuch zudecken und etwa 15 Minuten an einen warmen Ort stellen.

3. Die restlichen Zutaten in die Schüssel geben und leicht mischen, dann nach und nach mit den Knethaken des Handrührgerätes oder einer Küchenmaschine unter den Vorteig kneten. Den Teig zugedeckt etwa 15 Minuten ruhen lassen. Das Blech fetten.

4. Den Teig noch einmal gründlich kneten, bis er geschmeidig ist. Den Teig mit nassen oder bemehlten Händen zu einem Kloß formen, auf das Blech legen und den Teig von der Mitte aus zu einem Kreis von etwa 25 cm Durchmesser gleichmäßig flachdrücken. Mit etwas Wasser bestreichen und mit dem restlichen Brotgewürz gleichmäßig bestreuen. Die Samen etwas andrücken.

5. Den Teig mit einem Küchentuch zudecken und etwa 15 Minuten an einem warmen Ort gehen lassen, bis sich das Teigvolumen um etwa ein Drittel vergrößert hat.

6. Den Boden und die Seitenwände des kalten Backofens mit Wasser besprühen oder mit einem gut feuchten Tuch kurz abreiben. Das Brot im Backofen (unten) bei 200° in etwa 1 Stunde 15 Minuten knusprig braun backen. Nach dem Backen noch etwa 10 Minuten im ausgeschalteten Ofen stehenlassen.

7. Dann das Brot aus dem Backofen nehmen, auf ein Kuchengitter legen, von allen Seiten mit kaltem Wasser besprühen oder bestreichen.

Tip!

Damit das Brotbacken bei Bedarf ganz schnell nebenbei geht, mische ich mir die Zutaten auf Vorrat und bewahre sie – nicht länger als 4 Wochen – in einer gut schließenden Blechdose von etwa 5 l Inhalt auf: je 500 g Weizenmehl Type 405, Type 1050, Weizenvollkornmehl und Roggenmehl (Type 997) mit je 50 g bayerischem Brotgewürz, Salz und Zucker, 3 Päckchen Sauerteigextrakt und 4 Päckchen Trockenbackhefe gründlich mischen. Für ein Brot von etwa 550 g kneten Sie dann aus 400 g dieser Fertigmischung und 1/4 l Wasser einen Teig, etwa 1 Stunde zugedeckt ruhen lassen, kneten, zur Kugel formen, auf einem gefetteten Blech zu einem Kreis von 15 cm Durchmesser flachdrücken, etwa 15 Minuten gehen lassen und im angefeuchteten Backofen (unten) in 30–40 Minuten bei 220° knusprig backen.

Dieses Bayerische Hausbrot ist auch schön zum Verschenken.

Weizen-Doppelback-Brot

In manchen Gegenden wird dunkles Weizenmehl Schwarzbrotmehl genannt und das Brot daraus Schwarzbrot. Es hat einen herzhaften Geschmack, der gut mit ebensolchen Aufstrichen oder Belägen harmoniert. Selbstgebacken hält es ein paar Tage frisch, und manchen Leuten schmeckt es auch noch nach 1 Woche, wenn es schon so richtiges »Hasenbrot« geworden ist. Der Name kommt daher, daß es dann oft als Kaninchenfutter gebraucht wurde. Wie dem auch sei, älteres Brot ist vielen Leuten bekömmlicher, und das Aroma wird mit zunehmendem Alter, natürlich ohne Verderb, immer besser.

Zutaten für 1 Kastenform von 32 cm Länge (1 Brot von 1 kg):
650 g Weizenmehl (Type 1050)
1 Würfel Hefe (42 g)
1 Eßl. Zucker
1/2 l lauwarmes Wasser
1 Eßl. Meersalz
Für die Form: Butter und 2 Eßl. Weizenmehl (Type 1050)

Gelingt leicht

Bei 20 Scheiben
pro 50-g-Scheibe etwa:
470 kJ/110 kcal
4 g Eiweiß · 1 g Fett
23 g Kohlenhydrate

- Zubereitungszeit: etwa 3 Stunden (davon 1 Stunde Ruhe- und 1 1/2 Stunden Backzeit)

1. Das Mehl in eine große Rührschüssel geben, die Hefe an eine Seite am Schüsselrand bröckeln, den Zucker über die Hefe streuen. Das Wasser dazugießen umd mit der Hefe, dem Zucker und etwas von dem Mehl zu einem dünnen Brei verrühren. Dabei darauf achten, daß sich die Hefe gut auflöst.

2. Die Schüssel mit einem Küchentuch zudecken und etwa 15 Minuten an einen warmen Ort stellen, bis der Vorteig blasig und »mehr« geworden ist.

3. Das restliche Mehl und das Salz nach und nach mit den Knethaken des Handrührgerätes oder einer Küchenmaschine unter den Vorteig kneten, bis alles Mehl zu Teig verarbeitet ist. Den Teig zugedeckt etwa 30 Minuten ruhen lassen.

4. Den Teig gründlich kneten, bis er geschmeidig ist. Die Form gut fetten und mit etwa 1 Eßlöffel Mehl ausstreuen. Den Teig mit einem Teigschaber in die Form füllen, die Oberfläche glattstreichen und mit dem restlichen Mehl bestäuben.

5. Mit einem Küchentuch zudecken und mindestens etwa 15 Minuten an einem warmen Ort gehen lassen, bis sich das Teigvolumen um etwa ein Drittel vergrößert hat.

6. Den Boden und die Seitenwände des kalten Backofens mit Wasser besprühen oder mit einem gut feuchten Tuch kurz abreiben.

7. Das Brot im Backofen (unten) bei 200° in etwa 1 Stunde goldbraun backen. Dann noch etwa 10 Minuten im ausgeschalteten Ofen stehenlassen.

8. Dann das Brot aus der Form auf ein Kuchengitter legen und mit kaltem Wasser besprühen oder bestreichen. Das Brot nochmals ohne Form auf dem Rost im Backofen (unten) 20–25 Minuten bei 200° backen, bis es ringsum eine goldbraune dicke Kruste hat. Herausnehmen, nochmals mit Wasser besprühen oder bestreichen.

Tip!

Die Doppelbackmethode können Sie bei jedem Brot aus Hefeteig anwenden, besonders, wenn Sie »Krustenliebhaber« sind. Wenn Ihnen das Brot nach dem Backen nicht knusprig genug aussieht, besprühen oder bestreichen Sie es wie gewohnt mit Wasser, schieben es dann aber noch einmal für 10–20 Minuten in den 200° heißen Ofen und besprühen und bestreichen Sie es dann wieder von allen Seiten. Auf einem Kuchengitter auskühlen lassen. Mit der Klopfprobe können Sie feststellen, ob das Brot gar ist: Es muß hohl klingen, wenn Sie mit dem Fingerknöchel an die Unterseite des Brotes klopfen.

Sechskornbrot

Brote mit vielen Körnern schmecken nicht nur besonders gut, sie sind auch sehr gesund.

Zutaten für 1 Brot (etwa 1 kg):
50 g Sojaschrot
50 g Sonnenblumenkerne
50 g Haferkörner (Nackthafer oder entspelzter Hafer)
50 g Leinsamen
1/2 l Wasser
500 g Weizenmehl (Type 1050)
100 g Roggenmehl (Type 997)
1 Würfel Hefe (42 g)
1 Eßl. Honig
1 Eßl. Meersalz
Für das Blech: Butter, etwas Mehl

Braucht etwas Zeit

Bei 20 Scheiben
pro 50-g-Scheibe etwa:
600 kJ/140 kcal
6 g Eiweiß · 3 g Fett
24 g Kohlenhydrate

- Zubereitungszeit etwa 2 3/4 Stunden (davon 1 Stunde Ruhe- und 1 1/4 Stunden Backzeit)

1. Das Sojaschrot, die Sonnenblumenkerne und die Haferkörner in einer trockenen schweren Pfanne unter ständigem Wenden rösten, bis sie zu duften beginnen. Das Wasser dazugießen, die Pfanne vom Herd nehmen und die Leinsamen unter die Mischung rühren. Dann alles auf Handwärme abkühlen lassen.

2. Die Mehle in einer großen Rührschüssel mischen, die Hefe an eine Seite am Schüsselrand bröckeln, den Honig über die Hefe verteilen, die lauwarme Mischung aus der Pfanne darüber geben und mit der Hefe, dem Honig und etwas von der Mehlmischung zu einem Brei verrühren.

3. Die Schüssel zugedeckt etwa 15 Minuten an einen warmen Ort stellen.

4. Das restliche Mehl und das Salz nach und nach mit den Knethaken des Handrührgerätes oder einer Küchenmaschine unter den Vorteig kneten. Den Teig zugedeckt etwa 15 Minuten ruhen lassen.

5. Das Blech gut fetten und mit etwas Mehl bestäuben.

6. Den Teig noch einmal gründlich kneten, bis er geschmeidig ist. Den Teig mit nassen Händen zu einem Kloß formen, auf das Blech legen und ebenfalls mit nassen Händen zu einem Kreis von etwa 25 cm Durchmesser flachdrücken.

7. Mit einem Tuch zudecken und nochmals etwa 15 Minuten an einem warmen Ort gehen lassen, bis sich das Teigvolumen um etwa ein Drittel vergrößert hat.

8. Den Boden und die Seitenwände des kalten Backofens mit Wasser besprühen oder mit einem gut feuchten Tuch kurz abreiben. Das Brot im Backofen (unten) bei 200° in etwa 50 Minuten goldbraun backen. Nach dem Backen noch etwa 10 Minuten im ausgeschalteten Ofen stehenlassen.

9. Das Brot aus dem Backofen nehmen, auf ein Kuchengitter legen und von allen Seiten mit kaltem Wasser besprühen oder bestreichen.

Varianten:
Dieses Brot ist sehr variierbar je nach Getreide- und Samenvorrat oder nach speziellen Gesundheitsbedürfnissen. Sie können statt des Sojaschrotes auch ganze Buchweizenkörner oder auch Roggen-, Weizen-, Gersten- oder Grünkernkörner verwenden. Statt der Sonnenblumenkerne bietet sich fast die ganze Nußpalette an: grob zerkleinerte Hasel- oder Walnüsse oder Kürbiskerne. Statt der Haferkörner können Sie auch grobe Haferflocken, Hirse oder Quinoa verwenden. Leinsamen sollten immer zugefügt werden, sobald die Pfanne mit dem heißen Inhalt vom Herd kommt. Sie geben dem Teig die richtige Konsistenz. Und wenn Sie das Brot noch gesünder haben möchten, nehmen Sie statt des Weizenmehls Type 1050 Weizenvollkornmehl.

Ein Sechskornbrot wird mit mindestens sechs verschiedenen Samen- und Körnersorten gebacken und schmeckt besonders köstlich.

Sonnenblumen-Körner-Brot

Zutaten für 1 Brot (etwa 1 kg):
100 g Sonnenblumenkerne
50 g Leinsamen
50 g Haferkörner
(Nackthafer oder entspelzter Hafer)
50 g Hirse
50 g Buchweizen
1/2 l kochendes Wasser
250 g Weizenmehl (Type 405)
250 g Weizenvollkornmehl
1 Würfel Hefe (42 g)
2 Teel. flüssiger Honig
2–3 Teel. Meersalz
Für die Form: Butter

Braucht etwas Zeit

Bei 20 Scheiben
pro 50-g-Scheibe etwa:
600 kJ/140 kcal
6 g Eiweiß · 4 g Fett
21 g Kohlenhydrate

- Zubereitungszeit: 3 Stunden (davon 2 Stunden Ruhe- und 1 1/2 Stunden Backzeit)

1. Die Sonnenblumenkerne in einer trockenen schweren Pfanne unter öfterem Wenden rösten, bis sie angenehm duften. Die Leinsamen, den Hafer, die Hirse und den Buchweizen mit dem kochenden Wasser übergießen, umrühren und zugedeckt etwa 1 Stunde quellen lassen.

2. Dann das Sonnenblumen-Körner-Brot wie in den Arbeitsschritten 2–6 beim Leinsamenbrot beschrieben fertigstellen. Nur bei Schritt 4 noch die angerösteten Sonnenblumenkerne unter den Teig kneten.

Leinsamenbrot

Zutaten für 1 Kastenform von
32 cm Länge (1 Brot von etwa 1 kg):
100 g Leinsamen
1/2 l kochendes Wasser
250 g Weizenmehl (Type 405)
250 g Weizenvollkornmehl
1 Würfel Hefe (42 g)
2Teel. flüssiger Honig
2–3 Teel. Meersalz
Für die Form: Butter

Gelingt leicht

Bei 20 Scheiben
pro 50-g-Scheibe etwa:
450 kJ/110 kcal
4 g Eiweiß · 2 g Fett
18 g Kohlenhydrate

- Zubereitungszeit: etwa 3 Stunden (davon 2 Stunden Ruhe- und 1 1/2 Stunden Backzeit)

1. Die Leinsamen mit dem kochenden Wasser übergießen, umrühren und zugedeckt etwa 1 Stunde quellen lassen.

2. Die Mehle in einer großen Rührschüssel mischen, die Hefe an eine Seite am Schüsselrand bröckeln, den Honig über die Hefe verteilen. Die gequollenen lauwarmen Leinsamen mit der Flüssigkeit darüber geben und mit der Hefe, dem Honig und etwas von dem Mehl verrühren.

3. Die Schüssel mit einem Tuch zudecken und etwa 15 Minuten an einen warmen Ort stellen. Dann das restliche Mehl und das Salz mit den Knethaken des Handrührgerätes oder einer Küchenmaschine unter den Vorteig kneten. Den Teig zugedeckt etwa 15 Minuten ruhen lassen. Die Form fetten.

4. Den Teig noch einmal gründlich kneten, bis er geschmeidig ist und sich vom Schüsselrand löst. Den Teig mit einem Teigschaber in die Form füllen und glattstreichen. Mit einem Tuch zudecken und nochmals etwa 15 Minuten an einem warmen Ort gehen lassen, bis sich das Teigvolumen um etwa ein Drittel vergrößert hat. Dann eventuell die Oberfläche mit einem Messer schräg einkerben.

5. Den Boden und die Seitenwände des kalten Backofens mit Wasser besprühen oder mit einem gut feuchten Tuch kurz abreiben. Das Brot im Backofen (unten) bei 200° in etwa 1 Stunde goldbraun backen. Dann noch etwa 10 Minuten im ausgeschalteten Ofen stehenlassen.

6. Das Brot aus dem Backofen und vorsichtig aus der Form nehmen, von allen Seiten mit kaltem Wasser besprühen oder bestreichen. Das Brot nochmals im Backofen (unten) auf dem Rost ohne die Form 10–15 Minuten bei 200° backen. Danach mit Wasser absprühen oder bestreichen.

Bild oben: Leinsamenbrot
Bild unten: Sonnenblumen-Körner-Brot

Dinkelbrot

Es wird immer beliebter, denn kaum ein anderes Getreide macht Brot so herrlich locker, zart im Geschmack und bekömmlich. Der hohe Gehalt von Klebereiweiß bewirkt nämlich allerbeste Verarbeitungs- und Backeigenschaften. Dinkelmehle können Sie in einer Mühle, im Naturkostladen oder im Reformhaus bekommen.

Zutaten für 1 Kastenform von 36 cm Länge (1 Brot von 1 kg):
500 g Dinkelvollkornmehl
250 g Dinkelmehl (Type 630)
1 Würfel Hefe
1 Eßl. flüssiger Honig
1/2 l lauwarmes Wasser
1 Eßl. Meersalz
Für die Form: Butter

Raffiniert
Gelingt leicht

Bei 20 Scheiben
Pro 50-g-Scheibe:
530 kJ/130 kcal
5 g Eiweiß · 1 g Fett
25 g Kohlenhydrate

- Zubereitungszeit: etwa 2 1/2 Stunden (davon 45 Minuten Ruhe- und 1 1/2 Stunden Backzeit)

1. Die Mehle in einer großen Rührschüssel mischen, die Hefe an eine Seite am Schüsselrand bröckeln, den Honig über die Hefe verteilen. Das Wasser dazugießen und nach und nach mit der Hefe, dem Honig und etwas von der Mehlmischung zu einem dünnen Brei verrühren. Dabei darauf achten, daß sich die Hefe auflöst.

2. Die Schüssel mit einem Tuch zudecken und etwa 15 Minuten an einen warmen Ort stellen.

3. Das restliche Mehl und das Salz nach und nach mit den Knethaken des Handrührgerätes oder einer Küchenmaschine unter den Vorteig kneten. Den Teig zugedeckt etwa 15 Minuten ruhen lassen. Die Form fetten.

4. Den Teig noch einmal gründlich kneten, bis er geschmeidig ist. Den Teig mit einem Teigschaber in die Form füllen und glattstreichen.

5. Mit einem Tuch zudecken und nochmals etwa 15 Minuten an einem warmen Ort gehen lassen, bis sich das Teigvolumen um etwa ein Drittel vergrößert hat.

6. Den Boden und die Seitenwände des kalten Backofens mit Wasser besprühen oder mit einem gut feuchten Tuch kurz abreiben.

7. Das Brot im Backofen (unten) bei 220° in etwa 1 Stunde goldbraun backen. Dann noch etwa 10 Minuten im ausgeschalteten Ofen stehenlassen.

8. Das Brot aus dem Backofen und vorsichtig aus der Form nehmen, auf ein Kuchengitter legen, von allen Seiten mit kaltem Wasser besprühen oder bestreichen.

9. Sollte das Brot noch sehr hell und etwas weich sein, nochmals ohne Form auf dem Rost im Backofen (unten) etwa 15 Minuten bei 200° backen, bis es goldbraun ist. Herausnehmen und mit Wasser besprühen oder bestreichen.

Varianten:
Je nach Einkaufsmöglichkeiten und Geschmack können Sie das Dinkelbrot variieren: zum Beispiel 500 g Dinkelmehl (Type 630) und 250 g Dinkelvollkornmehl verwenden, oder statt der 250 g Dinkelmehl (Type 630) Weizenmehl (Type 405) verwenden oder nur 750 g Dinkelvollkornmehl. Die größere Menge sollte immer Dinkelmehl sein, sonst verliert das Brot sein typisches Aroma.

Backen Sie doch einmal ein köstlich locker zartes Brot aus Dinkelmehl. Es schmeckt nicht nur gut, es ist auch sehr bekömmlich.

Grahambrot

Das vorgequollene Vollkornmehl macht dieses Brot besonders locker, bekömmlich und köstlich im Aroma.

Zutaten für 1 Kastenform von 30 cm Länge (1 Brot von 950 g):
500 g Weizenvollkornmehl
2 Teel. Salz
3/8 l kochendes Wasser
1/2 Würfel Hefe (21 g)
2 Teel. brauner Zucker
50 ml lauwarme Milch
100 g Weizenmehl (Type 405)
Für die Form: Butter

Braucht etwas Zeit

Bei 19 Scheiben
pro 50-g-Scheibe etwa:
370 kJ/88 kcal
3 g Eiweiß · 1 g Fett
17 g Kohlenhydrate

- Zubereitungszeit: etwa 4 Stunden (davon 2 Stunden Ruhe- und 1 1/2 Stunden Backzeit)

1. Die Hälfte von dem Vollkornmehl in einer großen Rührschüssel mit dem Salz mischen, mit dem Wasser übergießen und alles gründlich mischen. Die Masse mindestens 30 Minuten abkühlen und quellen lassen.

2. In den Teig eine Mulde drükken, die Hefe hineinbröckeln, den Zucker über die Hefe streuen, die Milch darüber gießen, die Hälfte von dem Weizenmehl hinzufügen und alles in der Mulde miteinander verrühren. Die Schüssel mit einem Tuch zudecken und für etwa 30 Minuten an einen warmen Ort stellen und gehen lassen.

3. Das gesamte restliche Mehl mit den Knethaken des Handrührgerätes oder einer Küchenmaschine unter den Vorteig und das gequollene Mehl kneten. Den Teig zugedeckt etwa 30 Minuten ruhen lassen. Die Form fetten.

4. Den Teig noch einmal gründlich kneten, bis er geschmeidig ist. Den Teig mit einem Teigschaber in die Form füllen und glattstreichen.

5. Mit einem Tuch zudecken und dann nochmals etwa 30 Minuten an einem warmen Ort gehen lassen, bis sich das Teigvolumen um etwa ein Drittel vergrößert hat.

6. Den Boden und die Seitenwände des kalten Backofens mit Wasser besprühen oder mit einem gut feuchten Tuch kurz abreiben.

7. Das Brot im Backofen (unten) bei 190° (Umluft 170°) in etwa 1 Stunde 15 Minuten goldbraun backen. Dann noch etwa 10 Minuten im ausgeschalteten Ofen stehenlassen.

8. Das Brot aus dem Backofen und vorsichtig aus der Form nehmen, auf ein Kuchengitter legen, von allen Seiten mit kaltem Wasser besprühen oder bestreichen.

9. Sollte das Brot noch sehr hell und etwas weich sein, nochmals ohne Form auf dem Rost im Backofen (unten) etwa 15 Minuten bei 200° backen, bis es goldbraun ist. Herausnehmen, mit Wasser besprühen oder bestreichen.

Variante:
Weizen-Kleie-Brot
100 g Weizenkleie (Fertigprodukt, stabilisiert, Reformhaus oder Naturkostladen) bei Schritt 1 mit etwas mehr Wasser hinzufügen: insgesamt statt 3/8 l Wasser 1/2 l verwenden. Wenn Sie selbstausgesiebte Kleie verwenden möchten, können Sie bei dem Rezept für das Grahambrot einen Teil des Mehles dadurch ersetzen. Mit der Wassermenge müssen Sie dann etwas variabel sein, weil die selbstausgesiebte Kleie unterschiedliche Mengen an Mehlbestandteilen enthält.

Beim Grahambrot wird das Weizenvollkornmehl vorgequollen, dadurch wird es besonders bekömmlich.

Kommißbrot

Zutaten für 1 Brot (etwa 750 g):
250 g Roggenmehl (Type 997)
250 g Weizenvollkornmehl
1 Würfel Hefe (42 g)
1 Eßl. Rübensirup (Refomhaus)
300 ml lauwarmes Wasser
2 Teel. Salz
2 Teel. Kümmel
Für das Backblech: Butter
Zum Formen: etwa
2 Eßl. Roggenmehl

Gelingt leicht

Bei 15 Scheiben
pro 50-g-Scheibe etwa:
460 kJ/110 kcal
4 g Eiweiß · 1 g Fett
23 g Kohlenhydrate

- Zubereitungszeit: etwa 3 Stunden (davon 1 1/2 Stunden Ruhe- und 1 1/4 Stunden Backzeit)

1. Die Mehle in einer großen Rührschüssel mischen, die Hefe an eine Seite am Schüsselrand bröckeln, den Sirup über die Hefe verteilen. Das Wasser dazugießen und mit der Hefe, dem Sirup und etwas von dem Mehl zu einem dünnen Brei verrühren. Die Schüssel zugedeckt etwa 15 Minuten an einen warmen Ort stellen, bis der Vorteig blasig und »mehr« geworden ist.

2. Das restliche Mehl, das Salz und den Kümmel nach und nach mit den Knethaken des Handrührgerätes oder einer Küchenmaschine unter den Vorteig kneten. Den Teig zugedeckt etwa 1 Stunde ruhen lassen. Das Blech fetten.

3. Den Teig noch einmal gründlich kneten, bis er geschmeidig ist. Das restliche Mehl auf eine Arbeitsfläche geben. Den Teig als Kloß auf dem Mehl mit bemehlten Händen zu einer etwa 20 cm langen Rolle formen und auf das Blech legen. Mit einem Tuch zudecken und nochmals etwa 20 Minuten an einem warmen Ort gehen lassen, bis sich das Teigvolumen um etwa ein Drittel vergrößert hat.

4. Den Boden und die Seitenwände des kalten Backofens mit Wasser besprühen oder mit einem gut feuchten Tuch kurz abreiben. Das Brot im Backofen (unten) bei 220° in etwa 1 Stunde goldbraun backen. Dann noch 10–15 Minuten im ausgeschalteten Ofen stehenlassen.

5. Das Brot aus dem Backofen nehmen, auf ein Kuchengitter legen, von allen Seiten mit kaltem Wasser besprühen oder bestreichen.

Roggenmischbrot

Zutaten für 1 Brot (etwa 750 g):
350 g Roggenmehl (Type 997)
150 g Weizenmehl (Type 405)
1 Würfel Hefe (42 g)
1 Eßl. Rübensirup (Reformhaus)
300 ml lauwarmes Wasser
2 Teel. Salz · 1 Teel. Kümmel
Für das Backblech: Butter
Zum Formen: etwa
2 Eßl. Roggenmehl

Gelingt leicht

Bei 15 Scheiben
pro 50-g-Scheibe etwa:
470 kJ/110 kcal
3 g Eiweiß · 0 g Fett
25 g Kohlenhydrate

- Zubereitungszeit: etwa 3 Stunden (davon 1 1/2 Stunden Ruhe- und 1 1/4 Stunden Backzeit)

1. Das Roggenmischbrot wie in den Arbeitsschritten 1–5 beim Kommißbrot beschrieben zubereiten.

Tip!

Roggenmischbrote sind bis zu 1 Woche haltbar. Backen Sie mehrere davon gleichzeitig als »freigeschobene« Brote, dann sehen sie auch richtig wie Kommißbrote aus: Die Teigrollen mit 1 cm Abstand nebeneinander auf das Blech legen, etwa 20 Minuten an einem warmen Ort gehen lassen und wie in den Arbeitsschritten 4 und 5 beschrieben backen. Die Brote »wachsen« beim Backen zusammen. Nachdem sie etwas abgekühlt sind, vorsichtig auseinanderbrechen. Dann haben die Brote helle »Seitenwände« und oben und unten eine kräftige dunkle Kruste.

Im Bild hinten: Kommißbrot
Im Bild vorne: Roggenmischbrot

Urbrot aus Roggen

Dieses Brot mit natürlicher Teiggärung ist sehr genügsam, es wird fast von selbst fertig. Der Teig beansprucht nur ein kleines warmes Plätzchen in der Küche (mindestens 23°) und 1–3 Tage Zeit. Nach der Gärung ist der Teig so feucht und klebrig, daß gründliches Mischen mit einem kräftigen Holzlöffel oder einer Küchenmaschine genügt. Zum Backen eignet sich übrigens besonders gut eine etwas breitere Form, die gut Hitze aufnehmen kann, zum Beispiel auch ein gut gefetteter Bratentopf.

Zutaten für eine Kastenform von 36 cm Länge (1 Brot von etwa 1,5 kg):
100 g naturreiner Bienenhonig
3/4 l lauwarmes Wasser
1 kg Roggenvollkornmehl, möglichst frisch gemahlen
1 leicht gehäufter Eßl. Meersalz
1–2 Eßl. Kümmel
Für die Form: Butter

Braucht etwas Zeit

Bei 30 Scheiben
pro 50-g-Scheibe etwa:
450 kJ/110 kcal
4 g Eiweiß · 1 g Fett
21 g Kohlenhydrate

- Gärzeit: 1–3 Tage
- Zubereitungszeit: etwa 5 1/4 Stunden (davon 3 Stunden Ruhe- und 1 3/4 Stunden Backzeit)

1. Den Honig in dem Wasser auflösen. Das Mehl in eine große hohe Rührschüssel (möglichst aus Edelstahl) füllen und etwa ein Fünftel vom Mehl so mit dem Honigwasser zu einem dünnen Brei verrühren, daß das übrige Mehl trocken bleibt. Die Schüssel mit einem Küchentuch zudecken und an einem warmen Ort 1–3 Tage stehenlassen, bis der Vorteig deutlich blasig und »mehr« geworden ist. Auf jeden Fall nach 1 Tag den Vorteig leicht umrühren, dabei etwas Mehl vom Rand dazurühren.

2. Das restliche Mehl, das Salz und den Kümmel nach und nach mit einem Holzlöffel oder den Knethaken des Handrührgerätes oder einer Küchenmaschine unter den Vorteig mischen, bis das gesamte Mehl zu Teig verarbeitet ist.

3. Den Teig etwa 10 Minuten quellen lassen und nochmals kurz durchrühren.

4. Die Form fetten. Den Teig mit einem Teigschaber in die Form füllen und glattstreichen.

5. Mit einem Küchentuch zudecken und nochmals 1–3 Stunden an einem warmen Ort gehen lassen, bis sich das Teigvolumen fast verdoppelt hat. (Wenn die Raumtemperatur zu niedrig ist, kann das mehrere Stunden dauern. Das Brot nicht in den Ofen schieben, bevor das Teigvolumen deutlich vergrößert ist)

6. Den Boden und die Seitenwände des kalten Backofens mit Wasser besprühen oder mit einem gut feuchten Tuch kurz abreiben. Das Brot im Backofen (unten) bei 190° in etwa 1 Stunde 30 Minuten goldbraun backen. Dann noch etwa 15 Minuten im ausgeschalteten Ofen stehenlassen.

7. Das Brot aus dem Backofen nehmen, die Oberseite mit kaltem Wasser besprühen oder bestreichen, in der Form mindestens etwa 1 Stunde abkühlen lassen, dann auf ein Kuchengitter legen.

Tips!

Falls Ihr Teig einmal gar nicht gärt, war sicherlich die Raumtemperatur zu niedrig. In diesem Fall können Sie etwas nachhelfen: Verrühren Sie 1 Päckchen Sauerteigextrakt (Reformhaus) und 1 Würfel Hefe mit 1 Teelöffel Zucker in 1/2 Tasse Wasser und rühren Sie die Mischung unter den Teig. Nach etwa 1 Stunde hat sich sein Volumen etwa verdoppelt und Sie können das Brot wie beschrieben backen.
Das leicht säuerlich schmeckende Brot möglichst erst am nächsten Tag anschneiden. Trocken gelagert hält es etwa 14 Tage, denn Roggenbrote trocknen nicht so schnell aus wie andere Brote, weil Roggen mehr Wasser »bindet«.

Dieses Urbrot aus Roggen braucht zwar etwas Zeit, aber das Warten auf die natürliche Teiggärung lohnt sich.

Maisbrot

Diese amerikanische Spezialität darf vor allem als Beilage zu Chili con Carne nicht fehlen. Da Maisbrot relativ geschmacksneutral ist, paßt es auch zu anderen feurigen Ragouts sehr gut. Wie beim Kuchenteig sollten alle Zutaten die gleiche Temperatur haben, damit der Teig nicht gerinnt.

Zutaten für 1 Kastenform von 25 cm Länge (1 Brot von etwa 600 g):
- *150 g feiner Maisgrieß*
- *50 g Speisestärke*
- *50 g Weizenmehl (Type 405)*
- *3 Teel. Backpulver*
- *1 Teel. Salz*
- *1 Teel. getrocknetes, gerebeltes Basilikum*
- *125 g weiche Butter*
- *125 g Magerquark*
- *3 Eier*
- *Für die Form: Butter*

Raffiniert
Schnell

Bei 10 Scheiben
pro 60-g-Scheibe etwa:
900 kJ/210 kcal
6 g Eiweiß · 13 g Fett
20 g Kohlenhydrate

- Zubereitungszeit: etwa 1 Stunde 10 Minuten (davon 55 Minuten Backzeit)

1. Die Mehle in einer Rührschüssel mit dem Backpulver, dem Salz und dem Basilikum mischen. Mit den Schneebesen des Handrührgerätes oder einer Küchenmaschine oder mit einem Rührlöffel die weiche Butter, den Quark und die Eier nach und nach mit der Mehlmischung zu einem cremigen Rührteig verarbeiten.

2. Die Form fetten. Den Teig in die Kastenform füllen und die Oberfläche mit dem Teigschaber glattstreichen.

3. Das Brot im Backofen (unten) bei 190° (Umluft: 170°) in 40–45 Minuten goldbraun backen. Die Stäbchenprobe machen: Ein Holzstäbchen in der Mitte einstechen und herausziehen. Wenn kein Teig daran haften bleibt, ist das Brot fertig. Sonst noch 5–10 Minuten weiterbacken.

4. Das Brot noch etwa 10 Minuten im ausgeschalteten Backofen stehenlassen, dann herausnehmen, die Oberseite mit kaltem Wasser besprühen oder bestreichen und das Brot in der Form abkühlen lassen.

Buchweizen-brot

Was das Maisbrot für die Chili, ist das Buchweizenbrot für alle scharf gewürzten europäischen Gerichte mit Sauerkraut. Dicke Brotscheiben lassen sich gut einfrieren und im Toaster auftauen. So haben Sie immer eine schnelle Beilage.

Zutaten für 1 Kastenform von 25 cm Länge (1 Brot von etwa 600 g):
125 g Buchweizenmehl
125 g Weizenmehl (Type 405)
3 Teel. Backpulver
1 Teel. Salz
125 g weiche Butter
125 g Magerquark
3 Eier
Für die Form: Butter

Schnell

Bei 10 Scheiben
pro 60-g-Scheibe etwa:
910 kJ/220 kcal
2 g Eiweiß · 13 g Fett
20 g Kohlenhydrate

- Zubereitungszeit: etwa 1 1/4 Stunden (davon 55 Minuten Backzeit)

1. Die Mehle in einer Rührschüssel mit dem Backpulver und dem Salz mischen. Mit dem Schneebesen des Handrührgerätes oder mit einer Küchenmaschine oder mit einem Rührlöffel von Hand die Butter, den Quark und die Eier nach und nach mit der Mehlmischung zu einem cremigen Rührteig verarbeiten.

2. Die Form fetten. Den Teig in die Kastenform füllen und die Oberfläche mit dem Teigschaber glattstreichen.

3. Das Brot im Backofen (unten) bei 190° (Umluft: 170°) in 40–45 Minuten goldbraun backen. Die Stäbchenprobe machen: Ein Holzstäbchen in der Mitte einstechen und herausziehen, wenn kein Teig mehr daran haften bleibt, ist das Brot gar. Ansonsten das Brot noch 5–10 Minuten weiterbacken.

4. Das Brot etwa 10 Minuten im ausgeschalteten Backofen stehenlassen, dann herausnehmen, die Oberseite mit kaltem Wasser besprühen oder bestreichen und das Brot in der Form abkühlen lassen.

Mohn-Würzbrot

Zutaten für 1 Rattan-Brotkörbchen
von 25 cm Ø
(1 Brot von etwa 1 kg):
650 g Weizenmehl (Type 405)
1 Würfel Hefe (42 g)
1 Teel. Zucker
1/2 l lauwarme Buttermilch
4 Eßl. Mohnsamen
je 1 Teel. Fenchel- und Anissamen
50 g weiche Butter
3 Teel. Salz
Für das Körbchen: etwa 3 Eßl. Mehl
Für das Backblech: Butter

Gelingt leicht

Bei 20 Scheiben
pro 50-g-Scheibe etwa:
590 kJ/140 kcal
5 Eiweiß · 3 g Fett
25 g Kohlenhydrate

- Zubereitungszeit: etwa 3 Stunden (davon 1 Stunde Ruhe- und 1 1/4 Stunden Backzeit)

1. Das Mehl in eine große Rührschüssel geben, die Hefe an eine Seite am Schüsselrand bröckeln, den Zucker über die Hefe streuen. Die Buttermilch dazugeben und mit der Hefe, dem Zucker und etwas von dem Mehl verrühren, zugedeckt etwa 15 Minuten gehen lassen.

2. Die Mohn-, Fenchel- und Anissamen in einer trockenen schweren Pfanne unter Wenden anrösten.

3. Das restliche Mehl, die Butter, die gerösteten Samen und das Salz unter den Vorteig kneten. Den Teig zugedeckt etwa 25 Minuten ruhen lassen. Dann das Brot wie in den Arbeitsschritten 4–6 beim Würz-Weißbrot beschrieben fertigstellen.

Würz-Weißbrot

Backen Sie doch mal ein Brot aus dem Körbchen.

Zutaten für 1 Rattan-Brotkörbchen
von 25 cm Ø
(1 Brot von etwa 1 1/4 kg):
650 g Weizenmehl (Type 405)
1 Würfel Hefe (42 g)
1 Teel. Zucker
1/4 l Wasser
150 g Vollmilchjoghurt
100 g Emmentaler
100 g roher Schinken
1 frische rote Peperoni
50 g weiche Butter
30 g geschälte Pistazien, grob gehackt
1 Teel. Kreuzkümmel
3 Teel. Salz
Für das Backblech: Butter
Für das Körbchen: etwa 3 Eßl. Mehl

Raffiniert

Bei 25 Scheiben
pro 50-g-Scheibe etwa:
1200 kJ/290 kcal
10 g Eiweiß · 10 g Fett
37 g Kohlenhydrate

- Zubereitungszeit: etwa 3 Stunden (davon 1 Stunde Ruhe- und 1 1/4 Stunden Backzeit)

1. Das Mehl in eine große Rührschüssel geben, die Hefe an eine Seite bröckeln, den Zucker über die Hefe streuen. Das Wasser und den Joghurt dazugeben und mit der Hefe, dem Zucker und etwas von dem Mehl verrühren. Die Schüssel zugedeckt etwa 15 Minuten warm stellen.

2. Den Käse und den Schinken würfeln. Die Peperoni längs halbieren, von den Kernen befreien und kleinschneiden.

3. Das restliche Mehl, die Butter, die Käse- und Schinkenwürfel, die Pistazien, die Peperoni, den Kreuzkümmel und das Salz unter den Vorteig kneten. Den Teig zugedeckt etwa 25 Minuten ruhen lassen.

4. Den Teig gründlich kneten. Das Blech fetten. Das Mehl im Körbchen verteilen. Den Teig als Kloß in das Körbchen legen und nicht zu fest vorsichtig flachdrükken. Zugedeckt etwa 20 Minuten an einem warmen Ort gehen lassen, bis sich das Teigvolumen um etwa ein Drittel vergrößert hat. Dann vorsichtig auf das Blech stürzen.

5. Den Boden und die Seitenwände des kalten Backofens besprühen oder feucht abreiben.

6. Das Brot im Backofen (unten) bei 220° in etwa 45 Minuten backen, dann die Temperatur auf 190° reduzieren und in 20–30 Minuten fertigbacken. Etwa 15 Minuten im ausgeschalteten Ofen stehenlassen. Dann auf einem Kuchengitter von allen Seiten mit kaltem Wasser besprühen oder bestreichen.

Im Bild hinten: Mohn-Würzbrot
Im Bild vorne: Würz-Weißbrot

Camembert-brot

Aus einem leicht überreifen Camembert können Sie ganz einfach mit ein bißchen Mehl ein köstliches Brot »zaubern« – es wird Ihren Gästen schmecken!

Zutaten für 1 (Glas-)Kastenform von 28 cm Länge (1 Brot von etwa 900 g):
250 g Weizenmehl (Type 405)
250 g Dinkelvollkornmehl
1 Würfel Hefe (42 g)
1 Teel. Zucker
1/4 l lauwarmes Wasser
125 g überreifer Camembert
125 g Magerquark
je 1 Teel. Salz und edelsüßes Paprikapulver
Für die Form: Butter

Raffiniert
Gelingt leicht

Bei 18 Scheiben
pro 50-g-Scheibe etwa:
530 kJ/130 kcal
6 g Eiweiß · 3 g Fett
20 g Kohlenhydrate

- Zubereitungszeit: etwa 2 1/4 Stunden (davon 45 Minuten Ruhe- und 1 1/4 Stunden Backzeit)

1. Die Mehle in einer großen Rührschüssel mischen, die Hefe an eine Seite am Schüsselrand bröckeln, den Zucker darüber streuen. Das Wasser dazugießen und mit der Hefe, dem Zucker und etwas von der Mehlmischung zu einem dünnen Brei verrühren, dabei darauf achten, daß sich die Hefe auflöst.

2. Die Schüssel mit einem Tuch zudecken und etwa 15 Minuten an einen warmen Ort stellen.

3. Inzwischen den Camembert in Würfel von etwa 1 cm Kantenlänge schneiden.

4. Das restliche Mehl, die Camembertwürfel, den Quark, das Salz und das Paprikapulver nach und nach mit den Knethaken des Handrührgerätes oder einer Küchenmaschine unter den Vorteig kneten.

5. Den Teig zugedeckt etwa 15 Minuten ruhen lassen. Die Form fetten.

6. Den Teig gründlich kneten, bis er geschmeidig ist. Den Teig mit einem Teigschaber in die Form füllen und glattstreichen.

7. Mit einem Tuch zudecken und den Teig nochmals etwa 15 Minuten an einem warmen Ort gehen lassen, bis sich das Teigvolumen um etwa ein Drittel vergrößert hat.

8. Den Boden und die Seitenwände des kalten Backofens mit Wasser besprühen oder mit einem gut feuchten Tuch kurz abreiben.

9. Das Brot im Backofen (unten) bei 200° in etwa 1 Stunde goldbraun backen. Dann noch etwa 15 Minuten im ausgeschalteten Ofen stehenlassen.

10. Das Brot aus dem Backofen und vorsichtig aus der Form nehmen, auf ein Kuchengitter legen, von allen Seiten mit kaltem Wasser besprühen oder bestreichen.

11. Sollte das Brot noch sehr hell und etwas weich sein, nochmals ohne Form auf dem Rost im Backofen (unten) etwa 15 Minuten bei 200° backen, bis es goldbraun ist. Herausnehmen und mit Wasser besprühen oder bestreichen.

Variante:
Camembertbrötchen
Aus dem gleichen Teig können Sie auch Brötchen backen. Teilen Sie ihn dazu in 12 oder 16 gleich große Stücke und formen Sie mit nassen Händen Kugeln. Diese auf ein gefettetes Backblech legen und etwas flachdrücken. Die Oberseite mit Wasser bestreichen, beliebig mit Kümmel- oder Mohnsamen oder mit Kürbiskernen bestreuen. Die Samen leicht festdrücken. Die Brötchen im Backofen (Mitte) bei 200° in 30–40 Minuten goldbraun backen.

Hätten Sie gedacht, daß in diesem köstlichen Brot tatsächlich ein Camembert steckt? Probieren Sie es doch einfach aus!

Emmentaler Tortenbrot

Natürlich können Sie dieses Brot auch in einer Brot- oder anderen Kastenform backen. In einer Springform gebacken erinnert es aber ein bißchen an einen Käselaib und wenn Sie die Butterstückchen vorher für etwa 1 Stunde ins Gefrierfach legen, bekommt das Brot auch Löcher wie ein Käse. Es schmeckt noch leicht warm oder abgekühlt, in Tortenstücke geschnitten, besonders gut zum Wein.

Zutaten für 1 Springform von 26 cm Ø:
550 g Weizenmehl (Type 405)
2 Teel. Salz
1/4 Teel. schwarzer Pfeffer, frisch gemahlen
250 g Emmentaler, frisch gerieben
1 Würfel Hefe (42 g)
2 Teel. Zucker
1/4 l lauwarmes Wasser
250 g Magerquark
2 Eier
50 g eiskalte Butter in kleinen Flöckchen
Für die Form: Butter

Für Gäste

Bei 16 Stücken pro Stück etwa:
860 kJ/200 kcal
10 g Eiweiß · 8 g Fett
24 g Kohlenhydrate

- Zubereitungszeit: etwa 3 Stunden (davon 1 Stunde Ruhe- und 1 1/4 Stunden Backzeit)

1. Das Mehl in einer großen Rührschüssel mit dem Salz, dem Pfeffer und dem Käse mischen, die Hefe an eine Seite am Schüsselrand bröckeln, den Zucker über die Hefe streuen. Das Wasser dazugießen und mit der Hefe, dem Zucker und etwas von der Mehlmischung zu einem dünnen Brei verrühren, dabei darauf achten, daß sich die Hefe gut auflöst.

2. Die Schüssel zugedeckt etwa 15 Minuten an einen warmen Ort stellen.

3. Das restliche Mehl, den Quark und die Eier nach und nach mit den Knethaken des Handrührgerätes oder einer Küchenmaschine unter den Vorteig kneten, bis das gesamte Mehl zu Teig verarbeitet ist. Den Teig mit einem Tuch zudecken und etwa 25 Minuten ruhen lassen. Die Form fetten.

4. Den Teig noch einmal gründlich kneten, bis er geschmeidig ist. Zum Schluß die eiskalten Butterflöckchen gleichmäßig unter den Teig kneten. Den Teig mit einem Teigschaber in die Form füllen und glattstreichen.

5. Mit einem Küchentuch zudecken und nochmals etwa 25 Minuten an einem warmen Ort gehen lassen, bis sich das Teigvolumen um etwa ein Drittel vergrößert hat.

6. Den Boden und die Seitenwände des kalten Backofens mit Wasser besprühen oder mit einem gut feuchten Tuch kurz abreiben. Das Brot im Backofen (unten) bei 200° in etwa 1 Stunde goldbraun backen. Das Brot dann noch etwa 15 Minuten im ausgeschalteten Ofen stehenlassen.

7. Das Brot aus dem Backofen nehmen, die Oberseite mit kaltem Wasser besprühen oder bestreichen, den Rand der Form lösen. Das Brot etwas abkühlen lassen und dann auf ein Kuchengitter gleiten lassen.

Das Emmentaler Tortenbrot eignet sich auch gut als Beilage zu einem schönen Menü. Ihre Gäste werden sich darüber freuen.

Zwiebelbrot

Zutaten für 1 Backblech
(1 Brot von etwa 1 kg):
4 mittelgroße Zwiebeln (etwa 400 g)
8 Eßl. Sonnenblumenöl
100 g Weizenvollkornmehl
100 g Roggenmehl (Type 997)
500 g Weizenmehl (Type 550 oder 405)
1/2 Teel. schwarzer Pfeffer, frisch gemahlen
1 Würfel Hefe (42 g)
1 Teel. Zucker
1/2 l lauwarmes Wasser
1 Eßl. Salz
Für das Backblech: Butter
Zum Formen: 2 Eßl. Roggenmehl oder 2 Eßl. Kümmelsamen

Raffiniert
Braucht etwas Zeit

Bei 20 Scheiben
pro 50-g-Scheibe etwa:
430 kJ/100 kcal
2 g Eiweiß · 5 g Fett
12 g Kohlenhydrate

- Zubereitungszeit: etwa 3 Stunden (davon 1 Stunde Ruhe- und 1 1/4 Stunden Backzeit)

1. Die Zwiebeln schälen und würfeln. In dem Öl goldbraun braten. Etwas abkühlen lassen.

2. Die Mehle mit dem Pfeffer in einer großen Rührschüssel mischen. Die Hefe an eine Seite am Schüsselrand bröckeln, den Zucker über die Hefe streuen. Das Wasser dazugießen und mit der Hefe, dem Zucker und etwas von der Mehlmischung zu einem dünnen Brei verrühren. Die Schüssel zugedeckt etwa 15 Minuten an einen warmen Ort stellen.

3. Das restliche Mehl und die gebratenen Zwiebeln mit dem Bratfett und dem Salz mit den Knethaken des Handrührgerätes oder einer Küchenmaschine unter den Vorteig kneten. Den Teig mit einem Tuch zudecken und etwa 20 Minuten ruhen lassen. Das Blech fetten.

4. Den Teig noch einmal gründlich kneten, bis er geschmeidig ist. Das Mehl oder den Kümmel auf eine Arbeitsfläche geben, den Teig als Kloß daraufgeben, darin wälzen und zu einer Kugel formen. Die Teigkugel auf das Blech legen und den Teig von der Mitte aus zu einem Kreis von etwa 25 cm Durchmesser flachdrücken. Den Teig mit einem Küchentuch zudecken und etwa 20 Minuten an einem warmen Ort gehen lassen, bis sich das Volumen um etwa ein Drittel vergrößert hat.

5. Den Boden und die Seitenwände des kalten Backofens mit Wasser besprühen oder mit einem gut feuchten Tuch kurz abreiben. Das Brot im Backofen (unten) bei 230° in etwa 1 Stunde knusprig braun backen. Noch etwa 15 Minuten im ausgeschalteten Ofen stehenlassen.

6. Dann herausnehmen, auf ein Kuchengitter legen und von allen Seiten mit kaltem Wasser besprühen oder bestreichen.

Speck-Zwiebel-Brot

Zutaten für 1 Backblech
(1 Brot von etwa 1,2 kg):
250 g geräucherter Schweinebauch (ohne Schwarte)
400 g Zwiebeln
100 g Weizenvollkornmehl
100 g Roggenmehl (Type 997)
500 g Weizenmehl (Type 550 oder 405)
1/2 Teel. schwarzer Pfeffer, frisch gemahlen
1 Würfel Hefe (42 g)
1 Teel. Zucker
1/2 l lauwarmes Wasser
2 Teel. Salz
Zum Formen: 2 Eßl. Roggenmehl oder 2 Eßl. Kümmel
Für das Backblech: Butter

Braucht etwas Zeit

Bei 24 Scheiben
pro 50-g-Scheibe etwa:
760 kJ/180 kcal
5 g Eiweiß · 9 g Fett
22 g Kohlenhydrate

- Zubereitungszeit: etwa 3 1/4 Stunden (davon 1 Stunde Ruhe- und 1 1/4 Stunden Backzeit)

1. Den Schweinebauch würfeln und knusprig ausbraten. Die Zwiebeln würfeln und mit dem Speck goldbraun braten. Etwas abkühlen lassen.

2. Das Speck-Zwiebel-Brot genauso zubereiten wie in den Arbeitsschritten 2–6 beim Zwiebelbrot beschrieben.

Bild oben: Zwiebelbrot
Bild unten: Speck-Zwiebel-Brot

Aztekenbrot

Das Geheimnis dieses Brotes mit goldbrauner aromatischer Krume liegt in einer für Brot ungewöhnlichen Zutat: der Schokolade. Sie können mit dem Aztekenbrot vorzüglich alle dunklen Bratensaucen binden. Natürlich paßt das Brot auch als Beilage – zu herzhaftem Schweinebraten zum Beispiel oder zu einer leckeren Brotzeit mit Schinken und Käse.

Zutaten für 1 Backblech
(1 Brot von etwa 900 g):
100 g grober Roggenschrot
1 Eßl. brauner Zucker
8 Eßl. Essig
100 g zartbittere Schokolade
1/4 l warmes Wasser
350 g Weizenmehl (Type 550 oder Type 405)
150 g Roggenmehl (Type 997)
1 Würfel Hefe (42 g)
1/8 l lauwarme Milch
100 g Sahne
3 Teel. Salz
Für das Blech: Butter
Zum Formen: 2–3 Eßl. Roggenmehl (Type 997)

Etwas schwierig

Bei 18 Scheiben
pro 50-g-Scheibe etwa:
690 kJ/160 kcal
4 g Eiweiß · 4 g Fett
28 g Kohlenhydrate

- Zubereitungszeit: etwa 3 Stunden (davon 1 1/4 Stunden Ruhe- und 1 1/4 Stunden Backzeit)

1. Den Roggenschrot in einer trockenen schweren Pfanne unter öfterem Wenden rösten, bis er angenehm duftet. Dann in eine große Rührschüssel füllen.

2. Den Zucker in die Pfanne geben und schmelzen lassen, mit dem Essig ablöschen. Die Pfanne vom Herd nehmen. Die Schokolade in Stücke brechen, in die Pfanne geben und unter Rühren bei schwacher Hitze schmelzen und mit dem Essig und dem Zucker verrühren. Nach und nach das Wasser dazugießen und jeweils alles glattrühren. Die Masse lauwarm abkühlen lassen.

3. Die Mehle mit dem Schrot in der Schüssel mischen, die Hefe an eine Seite am Schüsselrand bröckeln, die lauwarme Schokoladenmasse und die Milch darüber verteilen und mit der Hefe und etwas von der Mehlmischung zu einem dünnen Brei verrühren, dabei darauf achten, daß sich die Hefe gut auflöst.

4. Die Schüssel zugedeckt etwa 15 Minuten an einen warmen Ort stellen.

5. Das restliche Mehl, die Sahne und das Salz mit den Knethaken des Handrührgerätes oder einer Küchenmaschine unter den Vorteig kneten, bis alles Mehl zu Teig verarbeitet ist. Den Teig mit einem Küchentuch zudecken und etwa 15 Minuten ruhen lassen. Das Blech fetten.

6. Den Teig noch einmal gründlich kneten, bis er geschmeidig ist. Das restliche Roggenmehl auf eine Arbeitsfläche schütten. Den Teig auf einmal auf das Mehl geben, darin wälzen, zu einer Kugel formen und auf das Backblech legen. Die Teigkugel von der Mitte aus zu einem Kreis von etwa 25 cm Durchmesser flachdrücken.

7. Mit einem Küchentuch zudecken und nochmals etwa 15 Minuten an einem warmen Ort gehen lassen, bis sich das Teigvolumen um etwa ein Drittel vergrößert hat.

8. Den Boden und die Seitenwände des kalten Backofens mit Wasser besprühen oder mit einem gut feuchten Tuch kurz abreiben. Das Brot im Backofen (unten) bei 220° in etwa 1 Stunde goldbraun backen. Noch etwa 15 Minuten im ausgeschalteten Ofen stehenlassen.

9. Das Brot aus dem Backofen nehmen, auf ein Kuchengitter legen und dann von allen Seiten mit kaltem Wasser besprühen oder bestreichen.

Aztekenbrot – das klingt geheimnisvoll und dieses Brot schmeckt auch so.

Walnußbrot

Dieses aromatische Brot schmeckt natürlich am besten mit ganz frisch gehackten Walnußkernen.

Zutaten für 1 Backblech (1 Brot von etwa 1 kg):
150 g Walnußkerne
100 g grober Weizenschrot
350 g Weizenmehl (Type 550 oder 405)
150 g Roggenmehl (Type 997)
1 Würfel Hefe (42 g)
1 Eßl. brauner Zucker
1/4 l lauwarmes Wasser
1/8 l lauwarme Milch
100 g Sahne
3 Teel. Salz
Für das Backblech: Butter
Zum Formen: etwa 2 Eßl. Roggenmehl

Gelingt leicht

Bei 20 Scheiben
pro 50-g-Scheibe etwa:
730 kJ/170 kcal
5 g Eiweiß · 7 g Fett
24 g Kohlenhydrate

- Zubereitungszeit: etwa 2 1/2 Stunden (davon 45 Minuten Ruhe- und 1 1/4 Stunden Backzeit)

1. Die Nußkerne grob hacken und in einer trockenen schweren Pfanne unter Wenden rösten, bis sie angenehm duften. Dann die Nüsse aus der Pfanne in eine große Rührschüssel füllen. Den Weizenschrot in der Pfanne ebenfalls unter öfterem Wenden rösten. Den Schrot zu den Nüssen geben und mischen.

2. Die Mehle über die Nüsse und den Schrot in der Schüssel geben, die Hefe an eine Seite am Schüsselrand bröckeln, den Zucker über die Hefe streuen. Das Wasser und die Milch dazugießen und mit der Hefe, dem Zucker und etwas von dem Mehl zu einem dünnen Brei verrühren, dabei darauf achten, daß sich die Hefe gut auflöst.

3. Die Schüssel zugedeckt etwa 15 Minuten an einen warmen Ort stellen.

4. Das restliche Mehl, die Sahne und das Salz mit den Knethaken des Handrührgerätes oder einer Küchenmaschine unter den Vorteig kneten, bis alles Mehl zu Teig verarbeitet ist. Den Teig mit einem Küchentuch zudecken und etwa 15 Minuten ruhen lassen. Das Blech fetten.

5. Den Teig noch einmal gründlich kneten. Das restliche Roggenmehl auf eine Arbeitsfläche schütten. Den Teig auf einmal auf das Mehl geben, darin wälzen, zu einer Kugel formen und auf das Backblech legen. Die Teigkugel von der Mitte aus zu einem Kreis von etwa 25 cm Durchmesser flachdrücken.

6. Mit einem Küchentuch zudecken und nochmals etwa 15 Minuten an einem warmen Ort gehen lassen, bis sich das Teigvolumen um etwa ein Drittel vergrößert hat.

7. Den Boden und die Seitenwände des kalten Backofens mit Wasser besprühen oder mit einem gut feuchten Tuch kurz abreiben. Das Brot im Backofen (unten) bei 220° in etwa 1 Stunde goldbraun backen. Noch etwa 15 Minuten im ausgeschalteten Ofen stehenlassen.

8. Das Brot aus dem Backofen nehmen, auf ein Kuchengitter legen und dann von allen Seiten mit kaltem Wasser besprühen oder bestreichen.

Tip!

Sie können den Teig statt in dem Mehl in 100 g grobgehackten Walnußkernen wenden und formen, wenn Sie das Nußaroma noch verstärken wollen.

Das ist einmal etwas ganz anderes: ein Walnußbrot mit frisch geknackten Nüssen. Es schmeckt am besten pur – mit Butter.

Zum Gebrauch

Damit Sie Rezepte mit bestimmten Zutaten noch schneller finden können, stehen in diesem Register zusätzlich auch Hauptzutaten wie Hefe oder Roggenmehl – ebenfalls alphabetisch geordnet und halbfett gedruckt – vor den entsprechenden Rezepten.

Umschlag-Vorderseite:
Auf dem Titelbild sehen Sie köstliche Brote und Brötchen wie zum Beispiel Vintschger Fladen (Seite 10), Krustenbrötchen und Brezeln (Seite 8), Bayerisches Hausbrot (Seite 32), Quarkbrötchen (Seite 20), Brötchen (Seite 8), Milchbrot (Seite 22) und Urbrot aus Roggen (Seite 46).

Wichtiger Hinweis
Kaufen Sie möglichst nur gereinigtes Getreide. Denn Schmutz und Unkrautsamen (vor allem Samen der giftigen Kornrade) dürfen nicht enthalten sein. Das gleiche gilt für das heute wieder häufiger auftretende Mutterkorn, das vor allem den Roggen befällt. Es ist ein deutlich erkennbares, schwärzliches und meist stark vergrößertes Korn. In größeren Mengen verzehrt, ruft Mutterkorn lebensgefährliche Vergiftungserscheinungen hervor. Nach einer EG-Richtlinie ist im Getreide allerdings ein Gehalt an Mutterkorn von maximal 0,05 % erlaubt. Das entspricht etwa 3 Körnern in 200 g Getreide. Wenn Ihr Händler Ihnen bestätigt, daß das Korn durch eine Reinigungsanlage gelaufen ist, können Sie sicher sein, daß es keine Rückstände enthält. Neben vielen wertvollen Inhaltsstoffen enthält mit Vollkornmehl gebackenes Brot auch unerwünschte Substanzen wie die Phytinsäure. Diese bindet Eiweiße und Mineralstoffe wie Eisen, Magnesium oder Zink, so daß sie vom Körper schlechter aufgenommen werden können. Die Phytinsäure kann aber durch den Zusatz von Sauerteig verringert werden.

3. Auflage 1994

Redaktion:
Claudia Bruckmann-Bräunig
Layout: Ludwig Kaiser
Typographie: Robert Gigler
Herstellung: J. W. Schmidt
Fotos: Odette Teubner,
Dorothee Gödert
Umschlaggestaltung:
Heinz Kraxenberger
Reproduktion: Longo, Bozen
Satz und Druck: Appl, Wemding
Bindung: Sellier, Freising
ISBN: 3-7742-1741-6

Marey Kurz
stammt aus einer deutsch-baltischen Familie. Als junges Mädchen kochte sie oft für Eltern und Geschwister und interessierte sich dabei für alles, was mit Essen und Trinken zusammenhängt. Seit über 25 Jahren kocht und bäckt sie zu Hause.

Odette Teubner
wurde durch ihren Vater, den international bekannten Food-Fotografen Christian Teubner, ausgebildet. Heute arbeitet sie ausschließlich im Studio für Lebensmittelfotografie Teubner. In ihrer Freizeit ist sie begeisterte Kinderporträtistin – mit dem eigenen Sohn als Modell.

Dorothee Gödert
arbeitete nach ihrer Ausbildung zur Fotografin zunächst im Bereich Stillife- und Interieurfotografie. Nach einem Aufenthalt in Princeton/USA spezialisierte sie sich auf Food-Fotografie. Sie war bei namhaften Food-Fotografen tätig. Seit April 1988 fotografiert sie im Fotostudio Teubner.